동아시아 민족주의와 국제질서

동아시아 민족주의와 국제질서

2017년 12월 10일 초판 인쇄
2017년 12월 15일 초판 발행

지은이 _ 이재석
펴낸이 _ 장호성
기 획 _ 이재석
제 작 _ 정진형
편 집 _ 성두현
마케팅 _ 박보혜
펴낸곳 _ 노스보스
등 록 _ 1968.2.27 : No. 제03-00095호
주 소 _ 경기도 용인시 수지구 죽전로 152
전 화 _ 031-8005-2405
팩 스 _ 031-8021-7154
값 10,000원

ISBN 978-89-7092-597-4 03340

동아시아 민족주의와 국제질서

이재석

NOSVOS

머리말

중국 대외정책이 변화하고 있다. 미국에게 '신형대국관계'를 요구하며, 태평양은 중국과 미국을 다 수용할 수 있을 만큼 충분한 공간이 있다고 하였다. 세계 정치에서 미국과 어깨를 겨룰 수 있는 초강대국의 위치에 서게 되었다고 주장한다. 그리고 아시아의 이웃 나라들을 대하는 자세에 중화의식이 드러나기도 한다.

이런 중국의 모습은 최근 남중국해에서 특히 두드러진다. 이 해역의 다른 연안국들과 공유하여야 할 공간을 중국의 내해로 여기는 듯하다. 스프래틀리 군도에 인공섬을 건설하여 광범한 주변 해역에 대하여 영유권을 주장하고 있다. 국제중재재판소에서 이를 불법이라고 판시하였으나 중국 정부는 개의치 않는 태도이다. 베트남, 필리핀 등은 자국의 주권을 지키기 위해 미국과 일본의 협력을 구하지 않을 수 없다.

일본은 '적극적 평화 외교'로 중국을 견제한다. 일

본의 해외개발원조에서 베트남, 필리핀, 인도네시아, 말레이시아와의 안보 협력 사업이 중요해지고 있다. 2016년 발간된 해외개발원조 백서에 법치, 해양안보, 평화구축 등의 새로운 정책 목표들이 포함되었다. 이들 남중국해 연안국들의 해안경비 강화를 위해 선박과 항공기 등 군사장비와 기술이 이전되고 있다. 이와 같은 맥락에서 일본 '평화헌법' 개정 문제가 거론되고 있다. 이미 미일동맹의 차원에서 일본군의 해외 파견이 가능하게 되었다.

아시아의 국제질서가 유동적인 가운데 북한 핵 문제가 상황을 더욱 복잡하게 한다. 20여 년 전 북한은 자신의 체제를 지키기 위해 핵무기를 개발한다고 하였다. 그러나 이제 그 범위를 넘어 동아시아 안보질서를 위협하는 데까지 왔다. 남북한이 점진적으로 교류와 협력을 늘려 민족 공동체를 재건할 수 있으리라는 희망은 점점 멀어지는 듯하다.

중국, 일본, 한국 등의 사고와 행동을 움직이는 동력으로 민족주의가 작동하고 있다. 북한도 그 정치명분을 체계화하는 작업에 민족주의를 이용한다.

중국의 중화민족주의는 뿌리 깊은 역사의식에서 나온다. 일본의 군사대국화 경향은 중국의 도전에 대한 대응이기도 하지만 그 근저에는 일본의 민족 정체성 의식이 깔려 있다. 한반도의 민족주의는 분단이라는 특수한 정치 상황에서 민족통일에 대한 염원과 구상으로 나타난다. 북한에서는 체제 유지를 위한 명분으로서 민족주의적 논리가 구성되었다. 이것이 핵무기 개발을 정당화하는 이념적 저변을 이룬다.

이와 같은 연유로 오늘날 동아시아 국제관계에서 나타나고 있는 여러 갈등 현상을 이해하기 위해서는 중국, 일본, 한반도에서 각기 다른 내용의 민족주의가 형성되고, 변화하고, 전개된 과정을 살펴보아야 한다. 이를 바탕으로 이 지역에서 갈등을 최소화하고 협력을 증진해 나가는 방도를 모색할 수 있을 것이다.

이 책을 이와 같은 목적으로 준비하게 되었다. 현상을 이해하고, 문제의 근원을 찾아보고, 그리고 앞날을 향한 길을 모색해 보고자 하였다. 한국이 중견국으로서 동아시아 전체를 위해 건설적이며 중요한 역할을 할 수 있다는 믿음으로 문제에 접근하였다. 한국인의 입장에서 문제를 보고, 한국이 어떤 일을 할 수 있을 것인가를 논의하면서도, 다른 나라의 독자들이 읽어도 유익한 이야기가 되도록 해야 한다는 생각이 늘 염두에 있었다.

이 책의 제1부에서는 전통적 중화체제가 해체되고 근대적 민족주의가 태동하여 오늘날의 중화민족주의로 변환하는 과정을 살펴보았다. 과거의 중화의식이 근대 중국의 대외관계에 미친 영향을 분석하고, 오늘날 고취되고 있는 민족주의가 중화의 역사의식과 배합되고 있는 현상에 주목하였다. 그리고 현대 중화민족주의가 우리에게 던지는 문제에 대하여 논의하였다.

제2부는 일본의 국수적 보수주의의 문제를 분석하였다. 구미세력의 아시아 진출을 맞으며 일본은 메이지유신이라는 체제 대개혁을 단행하였다. 이같은 대개혁을 가능하게 했던 일본인의 의식세계, 이 개혁 이후 펼쳐진 대외정책의 문제, 그리고 과거의 정치적 유산이 현대 일본의 모습에 남기고 있는 자취에 대하여 논의하였다.

제3부는 한국 민족주의의 형성 및 발전 과정과 업적, 그리고 분단 상황에서 안게 된 과제에 대하여 숙고하였다. 한편 북한 핵 문제와 한반도 통일 논의의 본질을 분석하였다. 북한 핵 문제의 이념적 근원을 밝히고 북한이 핵 보유국 지위를 획득하기 위해 벌인 협상의 전망을 평가하였다. 한반도 통일 논의의 내용이 변화한 과정과 '북한붕괴론'의 문제도 검토하였다.

제4부는 미래를 위한 제언을 담고 있다. 민족주의가 국수적인 성격을 극복하고 '국제주의적'으로 발전하여 상생의 민족주의가 주류를 이루는 동아시아 미래 질서를 구축할 수 있다는 것이 단지 이론에 그쳐서는 안 될 것이다. 동아시아인들의 정치적 의지로 이루어내야 할 목표이다. 이러한 목표를 향해 한국이 어떻게 기여할 수 있을 것인가에 이 책의 주안점이 있다. 국제관계가 국제법과 국제기구의 역할이 증대되는 진화의 과정을 겪고 있는 사실에 주목하면서, 동아시아 평화를 위해 한국이 취할 수 있는 최선의 전략을 도출해 내고자 하였다.

이 책이 세상에 나오는 데 특히 세 분의 노고가 많았다. 노스보스의 정진형 팀장은 책의 디자인에서부터 발간에 이르기까지 모든 과정이 원활히 진행되도록 지혜와 상상력을 발휘하였다. 성두현 차장은 편집뿐만 아니라 책의 내용도 읽힐 수 있는 글이 되도록 문학적 조언을 아끼지 않았다. 성 차장은 연말 업무가 폭주하는 가운데도 주말 휴일을 반납하면서까지 책이 연내에 나올 수 있도록 진력하였다. 박보혜 선생은 교열 업무와 행정 지원에 수고가 많았다. 이 자리를 빌려 감사의 말을 전하고 싶다.

목 차

제4부 미래의 민족주의와 동아시아 질서

제1부
중화민족주의

1장 전통적 중화 체제의 해체

중화와 서구의 만남

1793년 영국 왕 조오지 3세George III는 청나라에 사신을 파견하여 두 나라 간의 통상 및 외교 관계 수립을 요청하였다. 러시아와 영국 간의 우호통상조약을 성사시킨 조오지 매카트니 경Lord George Macartney이 이번엔 중국의 문호를 열기 위해 베이징北京에 도착하였다. 그때까지 중국과의 무역은 서남단에 위치한 광둥廣東에서만 가능하였다. 영국 동인도회사The British East India Company가 17세기 말부터 이곳에 거점을 두고 10여 개의 중국 업체와 거래하고 있었다. 영국은 산업혁명 후 해외시장 개척에 나서서 인도를 이미 관할권에 넣고 있었다. 이제 중국과 공식적으로 통상, 외교관계를 개설하여 무역을 확대하고 정부 간의 교섭 통로를 상설화하자는 것이었다.

청은 영국의 제의를 받아들이지 않았다. 중국과 영국은 국제관계의 기준이 달랐다. 영국의 기준으로는 나라 간의 무역은, 유럽에서 일반적으로 행해지고 있는 것과 같이, 정부 간의 통상조약으로 뒷받침하는 것이 당연하였다. 그러나 중국의 기준으로는, 적어도 정부의 차원에서는, 외국과의 물품 교류는 조공품과 답례품의 교환이어야 했다. 중국의 의식세계에서는 이 같이 물품이 오가는 것도 중화中華와 오랑캐 나라 간에 지켜지는 예禮의 일부였지 이해득실을 따져야 하는 거래가 아니었다. 수도 베이징에서 멀리 떨어진 광둥에서 이루어지는 상인들 간의 거래는 국가 간의 교역이라기보다 청 정부가 제한적으로 허용한 지엽적인 상행위에 불과하다는 인식이었다.

사실 이 무렵 중국의 대외 교역은 조공무역의 범위를 크게 벗어나지 않았다. 국토가 광활하여 경제가 대체로 자족적自足的인 탓도 있었지만, 해외 교류의 확대는 청 제국의 안정에 도움이 되지 않는다는 생각이었다. 수천 년 간 농업이 조세수입의 주된 원천이었으며, 이 경제체제를 관리해온 관료 조직은 보수적일 수밖에 없었다.

외교관계에 관해서도 양측의 기준이 너무 달랐다. 영국에게는 유럽 국가 간의 외교관계가 표준이었다. 중국과도 서로의 주권을 인정하며 대등한 지위에서 교류하고 교섭하는 관계를 기대하였다. 그러나 청은 중화中華와 속방屬邦 간의 위계적 관계가 아닌 다른 질서구도는 상상하기 어려웠다. 조공의 예禮가 중국을 중심으로 한 국제관계의 주된 의식儀式이자 내용이었던 터에, '교섭'이라든지 '대등한 외교'라는 개념은 수용할 수 없는 것이었다. 중국 조정이 영국 사신에게 청 황제를 알현할 경우 고두례叩頭禮를 행할 것을 요구한 것도 중화의 관념세계에서 나온 것이었다. 영국 사신이 이를 거부한 것은 영국의 외교관례로서는 당연하였다.

아편전쟁

매카트니 경은 결국 빈손으로 돌아가야 했다. 영국 정부는 이후 1816년, 그리고 1834년 다시 사신을 파견하였으나 목적을 이루지 못하기는 마찬가지였다. 그러나 영국은 물러서지 않았다. 필요하다면 무력을 사용해서라도 중국의 문호를 열 심산이었다. 아편 밀무역을 둘러싼 분규가 전쟁의 도화선이 되었다. 당시 인도에서 생산된 아편이 광둥을 통해 대량 유입되고 있어 청 정부는 1839년 아편금지령을 내렸다. 광둥에 파견된 청 관리가 아편을 몰수하기 위해 아편 거래와는 상관이 없는 자들을 포함한 외국인들을 억류한 것이 무력 사용의 빌미가 되었다.

영국 함대는 광둥으로 들어가는 뱃길인 주강珠江을 봉쇄하고 닝보寧波 앞바다의 수개 섬을 점령하였다. 영국의 쾌속 증기선 앞에 청의 구식 수비대는 무력하였다. 1841~1842년에 걸쳐 영국군은 아모이原門, 후조우湖州, 상하이上海 등 주요 항구들을 모두 장악하고 난징南京 근교까지 진입하였다. 청 정부는 협상에 나서지 않을 수 없었으며 그 결과 난징조약南京條約이 체결되었다.

이 조약에서 중국은 영국에게 6백만 달러의 배상금을 지불하고, 홍콩을 양여하기로 하였다. 상하이 등 4개 항구를 추가로 개방키로 하였고, 이들 개항지에서 유럽인의 거주와 무역이 가능하게 되었다. 영국은 개항지에 상주 공관을 두고 청 황실을 거치지 않고 현지 관리들과 직접 교섭할 수 있게 되었다.

그리고 개항지에 거주하는 영국 국민은 영국법의 적용을 받도록 하였다. 프랑스와 미국도 영국의 선례에 따라 이 같은 '불평등조약'을 중국과 체결하였으며, 조약 내용에 '최혜국대우' 조항을 담았다. 중국이 한 나라에게 어떤 혜택을 제공하는 경우 같은 수준의 혜택을 다른 나라에게도 제공해야 한다는 기준을 정한 것이었다.

이와 같은 불평등조약을 통하여 구미 열강의 권능이 중국 땅에서 작용하게 된 것이 현실이었다. 그런데도 불구하고 청 조정이나 관리들의 관념에는 여전히 중국이 세상의 중심이며 서양 나라들은 오랑캐였다.[1] 구미 열강의 침탈을 맞아 일시 부분적인 양보를 하게 된 것은 중화제국이 오랑캐를 다스리는 방식이라고 합리화하였다. 전통적인 중화질서가 와해의 위기를 맞고 있다는 것을 의식하지 못하였다. 청 정부는 대외환경의 변화를 읽지 못하였으며, 따라서 효율적인 외교정책이 나올 수 없었고, 상황에 매우 고식적으로 대처하였다.

이 같은 인식의 한계 문제는 1859년 발생한 불상사에서도 드러났다. 그 전해에 맺어진 톈진조약天津條約에서 베이징에 영국의 상주 대사관을 설치하기로 한 데도 불구하고 막상 영국 사절이 베이징을 향하고 있을 때 그의 뱃길을 막고 청군이 공격을 감행하였다. 영국군 500명 이상이 사망하였다. 중국 정부의 냉철한 상황인식과 현지의 군 부대에 대한 확실한 지침이 있었더라면 생기지 않았을 불상사가 영국과 프랑스 연합군이 베이징을 점령하는 사태로 확대되고 영국군은 청 황제의 여름 별궁을 불 질렀다. 중국 역사상 가장 치욕적인 사건이었다.

내우외환-이이제이

청 황제의 권위는 내부로부터도 위협받고 있었다. 정부의 부패와 무능에 항거하는 민란이 끊이지 않고 있었다. 서남쪽 베트남 국경 지역에선 1795년부터

1801년에 걸쳐 묘족苗族의 반란이 일어났다. 서북 산간지역에선 1796년 백련교白蓮教의 반란이 일어났다. 그리고 이 난을 진압하는 과정에서 청의 군사력이 상당히 약화된 사실이 드러났다. 중북부에서는 1811년 천리교天理教의 반란이 일어나 반란군이 자금성까지 밀고 들어왔다.

계속 이어진 민란 중에 1848년부터 1864년까지 계속된 태평천국太平天國의 난이 가장 심각하였다. 이 난은 반청복한反淸復漢, 봉천박애奉天博愛, 평등상현平等尙賢의 명분을 내걸었다. 만주족이 세운 청 정권을 뒤엎고 한인漢人들이 다시 중국의 주인이 되겠다는 것이었다. 한편 박애와 평등의 이상을 내세운 것은 당시 퍼져 나가던 기독교 사상의 영향을 받은 것이었다. 상현은 청의 실정을 비판하며 새 국가를 세우고 경영하는 방침을 이야기한 것이다.[2]

국난은 다른 쪽에서도 겹쳐 왔다. 태평천국의 난이 평정될 무렵인 1862년 산시陝西에서 회족回族, 즉 한인 무슬림이 일으킨 반란이 간쑤甘肅 지역까지 확산되었다. 이 반란은 타림 분지의 위구르 무슬림을 자극하여 1864년 곳곳에서 반란이 이어졌다. 급기야 서쪽 코칸드의 이슬람 세력이 타림 분지의 여러 도

시를 점령하고 이슬람 정권을 수립하는 사태로 번졌다.[3]

청 제국이 분열의 위기를 맞고 있을 때 러시아가 남하하고 있었다. 톈샨天山 북쪽의 이리伊犁를 이미 점령하였다. 중국은 러시아의 위협을 서방 국가들의 압박과는 전혀 다른 것으로 인식하였다. 지리적으로 인접하고 있어 바로 영토를 잠식할 수 있기 때문이었다. 러시아는 중국의 해체를 내다보며 청의 통치권이 느슨하게 미치고 있는 신장, 몽골, 만주 지역에 힘을 뻗치고 있었다.

러시아는 중국과 서방국가 사이에서 중재자로 자처하며 자국의 입지를 넓혀 나갔다. 중국에게는 러시아가 서방 국가들의 베이징 점령을 해제토록 할 수 있는 유일한 나라이며, 서방 국가들에게는 러시아가 중국을 설득할 수 있는 유일한 나라라고 하였다. 러시아는 이 중재 역할의 대가로 광활한 영토를 양여받게 된다. 블라디보스토크를 포함한 만주 외곽 지역의 36만 평방마일의 땅이 러시아 영토로 편입되었다(1860). 태평양을 내다보는 해군기지를 확보하였다. 중국은 러시아라는 오랑캐를 활용하여 서방의 오랑캐들을 견제하였다고 관념하였다. 그러나 이 이이제

이以夷制夷 정책의 대가는 매우 컸다.[4]

청일전쟁과 중화체제의 해체

내우외환 속에서도 청 제국은 자체의 해체를 두고 보진 않았다. 외곽 지역의 내란을 평정하는 데 힘을 쏟았다. 서북쪽에 이슬람 정권이 들어선 이후 신장에 대하여 대대적인 군사작전을 벌였고, 원정이 성공한 후 신장의 통치 체제를 일신하였다. 1884년 신장성新藏省을 설치하고 주현 체제를 전면 도입하였다. 내몽골과 티베트에도 중국화가 추진되었다. 만주 쪽으로도 19세기 후반 중 행정 체제를 정비하였다. 늘어난 한인 인구를 관리하기 위하여 주현을 신설하였다.

청 정부의 이러한 체제 정비 노력에도 불구하고, 청일전쟁은 중화체제에 결정적인 타격을 가하였다. 패전한 중국은 이홍장李鴻章을 일본에 파견하여 강화 조건을 협상해야 했다. 1895년 4월 시모노세키에서 서명된 강화조약은 우선 조선이 자주독립국임을 확인하며 중국과 조선 간에 행해지던 조공 전례 등을 폐지할 것이라 하였다. 그리고 중국은 대만과 랴오

둥遼東 반도를 일본에게 할양하기로 하였다. 또한 거액의 배상금을 지불키로 하였다.[5]

이와 같은 강화 조건이 알려지자 러시아는 즉각 일본 견제에 나섰다. 프랑스, 독일과 합세하여 일본이 랴오둥반도를 중국에 돌려주도록 압박하였다. 소위 '삼국간섭' 외교였다. 그러면서 1896년 시베리아 철도를 연장하여 만주를 가로질러 블라디보스토크에 이르는 철도를 부설할 수 있는 이권을 중국으로부터 얻어냈다. 같은 해에 러시아 · 중국 간 비밀 동맹조약이 체결되었다. 이는 물론 일본을 겨냥한 것이었다. 이듬해엔 뤼순旅順 항으로 러시아 함대가 들어오고 1898년 랴오둥반도를 25년 간 조차하는 조약이 러시아 · 중국 간 서명되었다. 그리고 이 지역을 동중국철도와 연결하는 남만주철도 부설권도 얻어냈다.[6]

러시아가 부동항을 얻고 유럽과 아시아를 연결하는 철도를 확보할 수 있게 되었다. 이와 같은 러시아 외교의 성과는 다른 열강의 중국 진출 양상을 변화시키는 계기가 되었다. 이제 조차지, 철도 부설권, 광산 개발권의 확보 등을 통한 세력 확장에 영국, 프랑스, 독일, 일본, 그리고 미국까지도 나서게 된다. 이들은 조차지 등에서 사법권을 행사하며 철도 등 시설을 보호한다는 명분으로 경찰력도 유지하였다. 중국의 반식민지화가 진행되었다.

체제 개혁의 시도

청일전쟁 패전이 애국심을 일깨우는 계기가 되었다. 시모노세키 조약에서 중국에 부과된 전쟁 배상금은 청 정부 연간 세수의 3배에 달하는 거액이었다. 패전 후 중국의 반식민지화가 진행되는 가운데 중국의 국체를 유지하기 위한 내부 개혁이 절실하게 되었다. 캉유웨이康有爲가 1895년 5월 만자소萬字訴를 올렸다. 일본과의 강화조약을 파기하고, 수도를 내륙으로 옮겨 항전을 계속하며, 대대적인 내부 개혁에 착수할 것을 청 황실에 건의하였다.

캉유웨이는 유교 고전을 재해석하여 나름대로의 역사철학을 제시하였다. 역사는 ① 무질서와 혼란의 단계에서, ② 비교적 평온한 상황으로 나아가고, ③ 궁극적으로 태평, 대동大同의 상황에 도달할 것이라고 하였다. 그리고 중국은 당시 ①에서 ②의 단계로 진입할 수 있는 상황이라고 하였다. 평화롭고 조화로운 미래 세계를 꿈꾼 것은 공자孔子의 이상과 같았다. 그러나 당시 중국이 처한 위기를 극복하기 위해서는 체제의 대개혁이 필요하였다.

캉유웨이는 개혁을 지지하는 주군을 만났다. 1898년 27세의 황제 광서제光緖帝가 앞장서서 대 개혁이 추진되었다. 이른바 무술변법戊戌變法의 시행이었다. 헌법을 제정하여 내각제를 도입하고, 근대적 행정기구로 12부를 설치하기로 하였다. 의회제도도 도입하기로 하였다. 서방 국가들의 예에서 의회에서 조세제도를 정비하고, 행정 통제를 통해 부패를 방지하며, 민중 복지에 기여하는 효능이 있는 것으로 보았다. 한편 유교적 관념에서도 의회가 통치자와 국민 간의 유대를 돈독히 할 수 있을 것으로 기대하였다.

1898년 6월 11일부터 9월 21일까지 100일 동안 광서제는 캉유웨이와 량치차오梁啓超 등의 자문을 받아 국정의 모든 분야에 관한 40여 개의 개혁 칙령을 내놓았다. 농업, 광업, 상업의 진흥과 의료제도 개선을 위한 방안뿐만 아니라 과거제도 개혁과 근대적 학교 설립 및 유학생 파견 계획도 포함하였다. 육군, 해군, 경찰을 근대화하는 안도 내놓았다. 서방 열강의 치외법권을 철폐할 것을 내다보며 관련법을 개정하였다.

젊은 황제와 신진 사대부들이 개혁을 추진하고 있었으나 청 조정의 보수적 관성이 완고하였다. 개혁의 추이를 불안한 마음으로 관망하던 서태후西太后는 마침내 보수 반동의 핵심 인물인 군기대신軍機大臣 룽루榮祿의 도움으로 쿠데타를 감행하였다. 황제를 유폐하고 급진 세력을 처단 혹은 추방하였다. 캉유웨이와 량치차오는 일본으로 망명하였다.[7] 청 조정은 보수 노선으로 회귀하였다.

서태후는 개혁을 막았으나 청의 국세를 회복할 수 있는 대안을 가진 것은 아니었다. 서방 열강의 중국 진출이 가속화하는 가운데 생계가 위태로워진 사회 하층민들이 불어났다. 이들의 결사조직이 무장봉기한 것이 의화단義和團의 난이었다. 이 난은 청 정부의 실정과 서양 문명의 충격에 대한 민중의 반항에서 비롯되었다.

도탄塗炭에 빠진 민중이 민속신앙에 혼을 의탁하여 청 체제를 전복하고 외세를 몰아내자고 하였다. 난이 확대되는 가운데 서태후의 선택이 괴이하였다. 민중의 분노가 외세에 대한 공격으로 집중 분출되게 함으로써 청 제국의 명목을 유지하며 자신의 권좌를 부지하는 전술을 구사한 것이다. 이 책략은 엄청난 파괴와 살상을 불러왔다. 그리고 전쟁으로 확대된 난은 열강이 중국의 주권을 더욱 침탈하는 길을 열어 주었다.

의화단의 난을 진압한 열강은 강화 조건으로 청의 내정 개혁도 요구하였다. 서태후는 베이징의 권좌로 돌아왔으나 이제 근대화 개혁을 수용할 수밖에 없었다. 대대적 행정개혁이 진행되었다. 교육제도도 개혁하여 서구식 학교를 설립하였다. 이미 기독교 선교사들이 세운 학교, 대학들이 다수 운영되고 있었다. 이들 학교에서는 기독교, 개인주의, 여성 계몽 등을 전수하고 있었다. 근대적 교육제도 도입 과정에서 일본을 모델로 삼았다. 신교육을 담당할 교사 양성을 위해 일본에 유학생을 파견하였다. 중국 젊은이들이 1896년부터 일본에 유학하기 시작하였는데, 1899년에 약 200명이던 것이 1906년엔 13,000명으로 늘어났다. 이들 유학생들 중 약 반은 성省 정부에서 재정 지원을 받았다.

청 제국의 종말

젊은이들의 일본 유학은 중국의 근대적 민족주의가 싹트는 계기가 되었다. 구미 열강과 일본의 국력이 자라난 문화적 토양에 대해 사유하기 시작하였다.[8] 그리고 일본은 중국 근대화를 꿈꾸는 젊은이들의 활동 거점이 되었다. 당시 일본에 머물고 있던 중국 지식인들은 점진개혁파와 혁명파로 나뉘어져 있었다. 전자는 청조를 유지하며 중국의 근대화와 개혁을 이루자는 이들로서 캉유웨이와 량치차오가 그 대표적인 인물이었다. 후자는 청조를 타도하고 공화정을 수립해야 한다고 주장하는 파로서 쑨원孫文이 그 중심인물이었다.

쑨원은 신해혁명과 더불어 중국 민족의 새 지도자로 떠올랐다. 신해혁명은 1911년 10월 무창의 군부대에서 일어난 반란이 민중의 폭넓은 지지를 받으며 중국 전역으로 확대되고, 12월 초에 이르러 중국 남부와 중부의 모든 성, 그리고 서북쪽의 일부 성까지 청으로부터의 독립을 선언하여 청조의 막을 내리게 하였다. 혁명에 가담한 성들과 동맹회가 연대하여 난징南京에 임시 정부를 수립하였다. 당시 해외에 있었던 쑨원은 귀국과 동시에 중화공화국의 임시대통령으로 추대되었으며 1912년 1월 1일 취임하였다.

신 공화국의 탄생을 도모한 지도자들은 앞으로의 진로에 관한 중요한 사안들에 대하여 뜻을 같이 하였다. 첫째 각 성의 입장이 중앙 의회를 통하여 반영될 수 있도록 해야 한다는 것, 둘째 외세, 특히 일본의 간섭을 배제하기 위해서 중국의 통일을 유지해야 한다는 것, 그리고 셋째 위안스카이袁世凱만이 내전과 혼란, 외세의 간섭을 막을 수 있는 경험과 능력을 갖춘 것으로 보았다. 무엇보다도 위안스카이가 동원할 수 있는 군사력이 신 공화국의 안정을 위해 필요하였다.

위안스카이는 이제 정권의 존립을 좌우할 수 있는 위치에서, 한편으로는 청 조정과, 다른 한편으로는 혁명 세력과 협상하였다. 결국 그는 청의 종말을 이끌어내었다. 1912년 2월 12일 마지막 황제 푸이溥儀는 왕조의 수명이 다한 것을 인정하며 퇴위하였다. 250여 년간 유지되었던 청조가 막을 내렸다. 쑨원은 취임 시의 약속대로 대통령직에서 물러나고, 위안스카이에게 대권을 넘겼다.

신해혁명의 성공으로 반청복한反清復漢이 완성되었

다. "한족漢族의 혼을 일깨워 한족을 광복시키자"는[9] 운동은 청나라 초기부터 명맥이 이어져 왔으며, 19세기 중반 태평천국의 난으로 폭발하였다. 신해혁명의 사상적 바탕은 이 전통적 한漢 민족주의와 구미에서 들어온 공화주의 사조가 결합된 것이었다.

신해혁명의 지도자들은 공화주의 체제를 지키기 위해 위안스카이에게 대통령직을 맡겼던 것인데 그가 오히려 공화정을 위협하는 존재로 돌변하였다. 대통령이 된 위안스카이는 독재자의 야망을 드러내고 급기야 황제의 권좌를 복원하려 획책하였다. 이에 항거한 여러 성省 정부와 군사령관이 독립을 선언하였다.[10]

이후 중국에 난세가 펼쳐졌다. 역사가들은 1916년부터 1928년까지의 기간을 군벌시대라고 한다. 중국 이곳저곳에서 군벌이 발호하여 중앙집권체제가 해체되는 듯한 혼란기였다. 군벌세력 간 내전도 여러 차례 벌어졌다. 그러나 대외관계에서는 베이징을 장악한 군사정권이 중국을 대변하였다.

2장 근대적 민족주의의 태동

쑨원의 삼민주의

(1) 쑨원의 성장 배경

캉유웨이와 량치차오가 귀족 출신으로서 유학 고전에 통달하였던 반면, 쑨원孫文은 농부의 아들로서 태평천국의 난에 가담한 숙부의 영향 아래 어려서부터 혁명 사상에 심취하였다. 태평청국의 난을 이끌었던 홍시우취엔洪秀全은 그의 어릴 적 영웅이었다. 열세 살 때 그의 형이 살고 있던 호노룰루로 건너가 3

년 간 영국계 기숙학교에서 공부하면서 기독교인이 되었다. 중국에 돌아와서 광둥과 홍콩에서 화학, 생리학, 외과의학을 공부하여 1892년 영국계 병원에서 의사 자격증을 얻었다. 북경에서 멀리 떨어진 이 지역은 중국에서 서양 문물이 가장 일찍이 전해진 곳이었다. 이런 성장 환경은 중국의 미래에 대한 그의 사유를 자극하였다.

(2) 흥중회와 동맹회

쑨원은 태평천국의 난을 주도하였던 삼합회를 이미 접촉한 바 있었으며, 1894년에 자신이 비밀 결사 흥중회興中會를 조직하였다. 하와이, 홍콩, 마카오, 광둥 지역에 지부를 두었다. 1895년에 광둥 정부를 장악하려는 거사를 도모하였으나, 사전에 발각되어 동지 여럿이 처형되었다. 쑨원은 일본으로 피신하여 나카야마中山란 일본 이름으로 변성명하였다. 그는 이제 해외에서 혁명의 동력을 축적하며 국내의 반청反清 조직과 연대해야 했다. 해외의 중국 교민 사회는 재정 지원의 중요한 출처였다. 해외 거류민들 중에 애국심을 키워온 청년 지사들이 많았다. 국내 여러 지방에서도 비밀결사가 조직되어 거사의 시기를 기다리고 있었다.

1905년 도쿄에서 동맹회同盟會가 결성되었다. 해외와 국내의 혁명 세력을 아울러 약 1,000명의 지사들이 참여한 구심적 조직이었다. 39세의 쑨원이 혁명운동의 연장자로서, 그리고 해외에서 광범위한 지원을 받고 있는 지도자로서 조직의 의장이 되었다. 싱가포르, 브뤼셀, 샌프란시스코, 호놀룰루 등지와 국내 17개 성에 지부를 두었다. 동맹회의 기관지인 민보民報는 공화주의 사상을 전파하는 매체가 되었다. 후한민胡漢民 같은 필자는 혁명을 통하여 공화정을 수립함으로써 중국이 서방을 따라잡아 앞지르는 발전을 이룰 수 있다고 설파하였다. 강력한 영도력으로 중국의 조속한 근대화를 추진할 수 있을 것이라고 내다보았다. 일본의 전례가 그의 염두에 있었다.

(3) 삼민주의의 전개

쑨원은 그의 혁명사상을 삼민주의三民主義로 체계화하였다. 그는 혁명을 통한 공화정의 수립만이 중국이 활로를 찾을 수 있는 길이라고 보았다. 삼민주의는 1905년 동맹회 결성을 전후하여 전파되기 시작하였으며, 이후 점차 보강되었다. 1920년대 초 국민당을 재건할 무렵 쑨원은 삼민주의를 주제로 16차례의 강연을 행하였다. 이 강연의 내용이 전해지고 있어 그의 사상과 포부를 읽을 수 있다.[11]

삼민주의는 민족주의, 민권주의, 민생주의로 구성된 사상체계이며 중국의 근대화를 내다보며 백년대계를 제시한 정치적 비전vision이었다. 오늘날까지 중국 정치사상의 큰 주류를 이룬다. 장제스蔣介石는 쑨원의 뒤를 이은 국민당 지도자였으며, 마오쩌둥毛澤東은 쑨원을 중국 공산주의 혁명의 시조로 받들었다. 쑨원의 사상은 현재의 중국과 동아시아를 비추어볼 수 있는 거울이 될 수 있기에 그 주된 내용을 살펴본다.

〈민족주의〉

쑨원의 민족주의는 우선 열강의 반식민지로 전락한 중국의 주권을 되찾자는 것이다. 아편전쟁 이래 열강과 맺은 불평등조약들로 인하여 중국은 주권을 가진 국가라고 할 수 없게 되었다. 중국의 경제 주권도 많은 부분 열강의 손에 있었다. 중국은 전쟁 배상금을 감당할 거액의 현찰이 없었으므로 세관을 담보로 제공하였으며 수세권收稅權을 양도하였다. 청 정부는 전국 세관을 영국인이 관리하도록 하였다. 이후 열강 사이에 중국 세관 관리권에 대한 논란이 일자 각국이 무역량에 비례하여 세관의 이익을 할당받게 되었다. 한편 조차지와 조계지 등에서 중국인이 외국에 세금을 내고 있었다. 대만에서는 일본에, 홍콩에서는 영국에 거액의 세금을 납부하였다.

한편 중국의 무역수지가 만성적인 적자를 벗어날 수 없게 돼 있었다. 중국의 금융시장도 외국 은행들이 장악하고 있었다. 중국인들이 자국의 은행을 믿지 않고 외국 은행만 신용하였다. 광둥의 예를 들면 광둥성립은행廣東省立銀行이 발행한 지폐는 사용 불가능하게 된 반면 외국 지폐가 통용되는 실정이었다. 심지어 청조 황실과 그 관료들까지 정치정세가 불안한 가운데 금은보화를 모두 외국 은행에 맡기고 있었다. 군벌 세력도 그들의 재산을 외국은행에 예치하였다.

중국은 이 상황을 어떻게 극복할 수 있을 것인가? 쑨원은 우선 중국이 '민족정신'을 회복해야 한다고 역설한다. 중국은 진한秦漢 시대 이후 하나의 민족으로 하나의 국가를 이루어 왔으며, 혈통, 언어, 풍습 면에서 한 민족으로서 살아왔으나, '민족정신'은 결여되어 있다고 하였다. 전통적으로 '가족'과 '종족'

을 중시하는 풍습이 있으나 나라를 이루는 집체로서의 '민족' 개념은 잘 형성되지 않았다. 그렇게 된 중요한 배경으로서 '중화사상'을 지적하였다. 중국이 천하에 군림한다는 관념은 곧 세계주의globalism 사상이며 이는 '우리 민족'과 '다른 민족'를 구분하는 민족주의nationalism적 사고와는 거리가 먼 것이라고 보았다.

역사적으로 중국이 이민족에게 군사적으로 정복당한 예들이 있으나, 그들도 결국 중국화한 사실은 이와 같은 세계주의적 사고를 굳어지게 하였다. 원나라가 중국을 장악하였으나 몽골족은 오히려 한족에게 흡수되었다. 만주족도 중국을 정복하여 260년간 통치하였으나, 이들 역시 한족에게 동화되어 한족의 성씨를 쓰게 되었다. 그래서 어느 민족이 중국에 들어와도 한족에게 흡수될 것이라고 여기게 되었다.

그런데 이런 사고는 1920년대의 상황에서는 매우 안이한 생각이라는 것이다. 근세 이후 국세가 신장되고 있는 미국, 영국, 프랑스, 독일, 러시아, 일본의 문명은 중국 문명에 흡수되지 않을 것이란 것이 그의 관측이었다. 이들 열강의 인구가 근세 이후 대폭 증가해온 추세여서 이들의 세력이 계속 중국으로 진출한다면 오히려 중국이 이들에게 흡수될 것이라고 경고하였다.

그럼 '민족정신'을 어떻게 고취할 수 있을 것인가? 쑨원은 우선 지금 나라가 처해 있는 현실을 4억 중국인에게 알려야 한다고 강조한다. 그는 "알기는 어렵고 실행하기는 쉽다知難行易"는 격언을 되풀이하며 중국인들이 망국이 다가오고 있다는 사실을 알았다면 대책을 강구하였을 것이나, 이를 몰랐기에 지금의 지경에 빠지게 되었다고 하였다. 1920년대 초반의 세계정세로 보아 일본이 중국에게 가장 위험한 존재라고 보았다.

쑨원이 설파하는 민족주의는 한족漢族 중심적 민족주의이다. 만주족이 명나라를 멸망시키고 청조를 건설하면서 중국 민족주의가 소멸해 갔다고 보았다. 청조가 들어선 후에도 명의 후예들이 민족사상을 유지하였으나, 강희제康熙帝, 청의 4대 황제, 1654~1722, 재위 1661~1722는 명조 이래의 지식인 계층을 청 체제에 흡수하는 정책을 폈다. 건륭제乾隆帝, 청의 6대 황제, 1711~1799, 재위 1735~1795에 이르면 만주족과 한족의 구분을 아예 없애버리려 하였다. 역사서에서 송宋, 원元, 명明, 청淸의 역사적 관계를 삭제하고 만주, 흉노, 타타르에 관한 서적은 금서가 되었다.

그러나 명 후예의 하층민들 가운데 비밀결사가 조직되어 반청反清 민족주의가 유지되었다. 홍문삼합회洪門三合會는 그 대표적인 조직이었다. 이 조직이 이끈 태평천국의 난의 엄청난 규모로 보아 반청 결사가 뿌리 깊었음을 알 수 있다. 쑨원은 태평청국의 난을 비롯한 수많은 민란이 청조의 부패와 무능에서 비롯되었으니, 혁명을 통하여 한족이 주도하는 공화정을 수립하는 것만이 중국을 살리는 길이라고 믿었다.

쑨원은 한편 구미의 새 문물이 들어와 횡행하고 있는 상황에서 옛부터 내려오는 고유한 도덕과 지능知能을 회복해야 한다고 역설한다. 고유한 도덕이란 충효忠孝, 인애仁愛, 신의信義, 그리고 평화를 숭상하는 정신이다. 군주에 충성하는 것이 아니라 나라와 국민에게 충성하고 4억의 사람들에게 충성하기를 강조하는 데서 쑨원의 근대적 애국 사상을 읽을 수 있다.

쑨원은 중국의 고유한 지능 중에 정치철학을 들었다. 대학大學에서 말하는 '격물格物 · 지지至知 · 성의誠意 · 정심正心 · 수신修身 · 제가齊家 · 치국治國 · 평천하平天下'는 인간의 내적인 면에서 외적인 면으로, 나아가 '평천하'에까지 발전시킨 체계적인 철학이다. '성의 · 정심'은 마음을 다스리는 문제로서 선인들이 연구한

깊은 내용을 이어받지 못하고 있으며, '수신 · 제가 · 치국'에서도 지난 수백 년간 중국인들 사이에 무엇 하나 이루어진 것이 없다고 개탄하였다.

중국이 유럽이나 미국과 어깨를 겨룰 수 있는 지위에 도달하려면 중국의 모든 정수精髓를 회복한 연후에 유럽 및 미국의 장점을 다 배워야 가능할 것이라 하였다. 그리고 장래 중국이 강성해 진다면 세계에 대해서도 큰 책임을 져야 할 것이라고 하였다. 열강에 대해서는 저항하며 약소민족을 도와 제국주의를 소멸시켜야 '치국 · 평천하'를 실현했다고 할 수 있을 것이라고 하였다. 먼저 민족정신과 민족의 지위를 회복하고, 고유한 '평화'의 도덕에 기초하여, 대동세계大同世界를 이루어야 할 것이라고 하였다.

〈민권주의〉

중국에는 고대부터 백성이 나랏일의 중심이라는 사상이 있었다. 공자는 "대도大道가 이루어질 때 천하는 만인의 것이다天下爲公"라고 하였으며, 맹자는 "백성이 가장 귀하며, 사직社稷이 그 다음이고, 군주君를 가장 가벼운 것으로 본다"고 하였다. 그러나 이와 같은 철학은 통치의 윤리를 설파한 것이었으며, 전통적으로 통치권을 실제 행사한 이는 군주였다. 통치의 주체가 실제로도 국민이 되어야 한다는 원칙을 세운 것은 신해혁명으로 '중화민국'이 선포되면서이다. '민국'이란 곧 국민이 주인일 뿐만 아니라, 국민이 통치권을 행사한다는 것을 의미하였다. 그러나 1920년대 초반까지 이 '민국'의 이상은 실현되지 못하고 있었다.

쑨원은 민권 통치가 세계적인 조류라고 보았다. 당시 중국이 군벌이 할거하여 분열된 것은 모두 황제의 자리를 꿈꾸고 있는 탓이므로 공화주의 혁명의 원칙을 지키는 것이 나라를 난세에서 구하는 길이라고 보았다. 태평천국의 난이 청 제국의 거의 반을 장악하고도 결국 실패한 것은 홍시우취엔洪秀全, 양시우칭楊秀清, 웨창후이韋昌輝 등이 황제의 자리를 놓고 싸움을 벌인 탓이라고 하였다. 거대한 군사권을 가졌던 위안스카이도 황제의 자리에 오를 욕심으로 시대의 조류를 거역한 탓에 몰락하였다.

국민이 선거권만 가진다고 해서 민권의 이상이 이루어지는 것은 아니라고 보았다. 정부 관리를 파면할 수 있는 권리를 가져야 정부의 통제가 가능할 것이며, 바람직한 법률을 국민이 창제할 수 있어야 하며, 법률의 개정과 폐지가 필요한 경우 국민이 그렇게 할 수 있는 권한을 가지도록 하는 장치가 마련돼야 한다고 주장하였다. 정부의 통치권으로서 입법권, 행정권, 사법권 외에 독립적인 고시권을 설정하였는데, 중국의 전통적 인재 등용 방식의 장점을 되살리고자 하는 취지였다. 감찰권 또한 중국의 역사적 경험의 산물이었다. 청조 시대의 어사御使, 당나라 시대의 간의대부諫議大夫 등 제도를 본받은 것이었다.

〈민생주의〉

쑨원은 '민생'이란 인민의 생활, 사회의 생존, 국민의 생계, 대중의 생명 등과 같은 의미로 이해할 수 있다고 하였다. 그가 민생주의 논의에서 다루는 문제는 대체로 국민의 생존과 국가사회의 존속을 위한 경제적인 바탕에 관한 것이었다. 먼저 유럽과 미국에서 일어난 사회경제적 발전을 살펴보고, 중국이 민생문제를 해결할 수 있는 길을 제시하였다.

선진국에서 이루어진 일들로서 크게 ① 사회와 공업의 개량, ② 운수와 교통의 공유화, ③ 직접과세, ④ 분배의 사회화를 들었다. 산업화가 진전되면서 교육이 일반화되고, 노동자들의 근로조건과 사회적인 지위도 개선되었다. 정부가 도로 및 철도 교통, 해운, 우편, 전신 등 사회 인프라를 구축하여 산업이 발전하고 국력이 신장되었다. 산업 규모의 확장으로 국민소득의 증가되었으며, 정부의 세수도 늘어 국가의 재원이 대폭 확충되고, 이를 바탕으로 사회정책의 개량이 가능하게 되었다. 한편 협동조합 운동 등을 통한 소비자보호운동이 전개되었다.

쑨원은 중국도 선진국의 경험을 교훈 삼아 경제발전을 위해 국가가 적극적인 역할을 해야 한다고 하였다. 사회 인프라를 구축하고 산업화에 힘써야 할 것이라고 하였다. 이러한 일들을 이루어 내는 데 중국의 자본, 지식, 경험만으로는 부족하므로 외국의 자본과 기술을 활용해야 할 것이라고 하였다. 농업의 근대화와 생산성 증대를 위해 여러 구체적인 방책을 내놓았다.

중국이 민생문제를 해결할 수 있기 위해서는 우선 '지권의 평등'과 '자본의 절제' 원칙을 따라야 할 것이라고 하였다. 지권의 평등이란 토지 가격의 상승에 따른 이득에 대하여 과세하고, 궁극적으로 토지공유제를 실시한다는 것이었다. 자본의 절제란 소득에 대하여 과세하는 것과 같은 방식으로 경제활동에 따른 이득이 사회에 골고루 배분되도록 국가가 역할한다는 것이다. 민생주의는 민유民有, 민치民治, 민향民享을 지향하였다. 국가를 인민이 공동으로 소유하고, 공동으로 관리하며, 이익은 공동으로 누린다는 것이다. 이것이 곧 공자가 희망한 대동세계大同世界라고 하였다.

저항 민족주의-5·4 운동

1차 대전 후 일본이 산둥반도山東半島를 점령하자 민족주의적 저항이 드세게 일어났다. 중국이 1917년 8월 1차 대전에 참전한 것은 전쟁 후에 있을 평화회담에서 중국의 발언권을 확보하기 위한 것이었다. 승전국들의 도움을 받아 일본의 중국 침탈을 견제하고자 하였다. 그러나 1919년 1월 열린 파리평화회담에서 중국 대표들은 윌슨 대통령의 민족자결주의가 아시아에는 적용되지 않는다는 냉혹한 현실을 확인하였다. 서방 열강이 일본의 산둥山東 점령을 인정해 준 것이었다. 그리고 베이징 군사정권과 일본 사이에 1918년에 이미 일본의 산둥 점거를 용인하는 비밀협약이 있었다는 사실이 드러났다.

이 사태가 거국적인 저항운동을 불러왔다. 5월 4일 베이징대학교 학생 3천 명이 톈안먼天安門광장에 집결하여 선언문을 발표하고, 이어서 운동은 학생, 교육자, 상인, 정치 결사, 노동조합 등이 광범위하게 참여하여 거국적으로 확산되었다. 곧 쑨원이 이끌고 있던 광둥 정부와 그 밖의 여러 군벌 세력들도 이 운동을 지지하였으며, 일본 상품 불매운동이 전개되었다. 베이징 정권은 초기에는 운동을 억압하려 하였으나 역부족이었다. 사태에 책임을 지고 내각이 물러났으며, 베르사유조약에 서명을 거부하였다.

5·4 운동을 계기로 반제국주의 민족운동이 본격적으로 전개되었다. 1920년대 반제국주의 운동이 그 전의 외세 배척 운동과 다른 점은 이제 민족주의 사상과 근대적 민권사상이 결합된 점이었다. 구미에서 유입된 민권사상은 자유주의 이념에 바탕을 두고 있었다.

3장 공산주의와 중화민족주의

공산당 창당과 삼민주의

1차 대전 후의 파리평화회담과 베르사유조약에 실망한 중국 지식인들 중 마르크스의 역사관에 심취한 이들이 있었다. 역사는 지배 계급과 착취당하는 계급간의 투쟁 과정이며, 원시사회-노예사회-봉건사회-자본주의사회를 거쳐 사회주의사회로 발전할 것이라는 설명은 혼돈스러운 세계 상황을 이해하는 명쾌한 도식을 제공하는 것으로 보였다. 사유재산제도를 폐지함으로써 계급투쟁을 극복할 수 있다는 마르크스의 주장은 이제 자본주의 경제의 초기에 접어들어 온갖 복잡한 문제를 갖게 된 중국이 궁지에서 헤어날 수 있는 길을 제시하는 듯하였다. 그리고 레닌이 식민제국주의는 국제적 독점자본주의가 그 근원이라고 한 것은 당시 중국이 처한 상황의 국제 정치경제적 배경을 잘 설명하는 것으로 보였다. 게다가 레닌은 혁명전위대의 역할을 강조하면서 정치 조직과 행동의 지침까지 제시하고 있지 않은가?

중국이 교육과 계몽을 통해 독립과 발전을 이룰 수 있을 것이라고 보는 점진론자들이 있었다. 그러나 이와 같은 점진론에 동조할 수 없었던 이들에게 마르크스-레닌주의는 분명한 행동의 방향을 제시하고 있었다. 중국이 수모를 당하고 있는 것은 자본주의적 제국주의 세력과 이와 결탁한 군벌 봉건주의 탓이라는 해석이 나왔다. 그리고 이 질곡에서 벗어나기 위해서는 혁명을 추진할 견고한 중심 세력이 정권을 장악하고, 대중을 동원하고, 국가 사회를 재구성해야 한다고 믿게 되었다. 이와 같이 중국에 들어온 사회주의 혁명사상은 유럽과는 달리, 당초부터 중국의 문제를 해결하기 위한 지침으로서 의미가 있었다. 이제 중국이 반식민지 상황에서 벗어날 수 있는 해방구를 찾은 것으로 믿었다.

1921년 7월 상해에서 마오쩌둥毛澤東을 포함한 11인이 회합하여 중국공산당을 결성하였다. 베이징北京, 우한武漢, 광둥廣東 등지에 지부를 두기로 하였다. 같은 해에 프랑스 유학생들 중에 저우언라이周恩來 같은 이들을 필두로 중국청년공산당이 파리에서 조직되었다.

중국공산당 운동에 참여한 이들에게 삼민주의는 항일 공동전선 구축을 위한 사상적 지주였다. 그래서 국민당, 공산당, 전국 인민이 단결하여 민족독립 · 민권자유 · 민생행복의 3대 목표를 위해 분투하자고 하였다. 그러나 공산주의자들은 삼민주의의 이상을 내세우면서도 마르크스 · 레닌의 혁명관을 내면화한 듯하였다. 국민당과 연합하여 삼민주의의 목표를 이루는 것을 부르주아 민주혁명의 단계로 보고, 이 단계를 거쳐 사회주의와 공산주의 단계로 도달하게 될 것으로 믿었다.

국민당과 공산당 : 연대에서 내전으로

5·4운동은 쑨원이 국민당을 재건하는 계기가 되었다. 당의 조직을 재건하여 궁극적으로 통일 중국의 정부를 수립할 수 있는 방도를 모색해야 했다. 국민당 제1차 전당대회가 1924년 1월에 열려 당이 모습을 다시 갖추게 되었다. 쑨원은 코민테른COMINTERN, Communist International과의 연대를 받아들였다. 그는 공산주의 혁명사상에는 동조하지 않았으나 당의 조직과 세력 확장을 위해 러시아 공산당의 경험이 유용할 것으로 기대하였다. 그리고 구미 열강과 일본을 견제할 수 있는 소비에트 러시아의 정치적 비중도 고려하였다. 그리고 막 출범한 중국공산당이 코민테른의 지도를 받고 있던 터여서 국민당-공산당 간의 연계가 이루어진다.

러시아 혁명에 성공한 레닌은 중국에서 국민당-공산당이 통일전선을 형성하여 제국주의 세력을 몰아내는 과정을 부르주아 혁명의 단계로 보았다. 이 단계를 거쳐 중국도 궁극적으로 사회주의 혁명의 단계로 나아갈 수 있을 것으로 전망하였다. 이런 생각에서 소수 세력인 중국공산당 요인들이 다수 세력인 국민당으로 들어가 반제국주의 운동에 협력하도록 하였다. 쑨원도 이렇게 국민당으로 들어온 공산당 간부들이 이중 당적을 갖는 것을 인정하였다.

쑨원이 코민테른과의 연대를 받아들이고, 이후 국민당과 공산당이 힘을 모아 군벌 세력을 진압하게 되어 통일 중국의 국체는 유지되었다. 쑨원이 1925년 3월 서거한 후 국민당의 새 지도자가 된 장제스蔣介石가 '북벌北伐'에 성공한 것이다. 북벌은 남쪽 광둥에 근거를 둔 국민당 군대가 공산군과 함께 북상하여 1927년 상하이를 장악하고, 이어서 난징南京에 진주하여 이곳을 중화공화국의 수도로 선포한 후, 이듬해 베이징도 평정한 것을 말한다.

장제스 휘하 군대의 북벌이 진행되는 가운데 일본의 중국 침략이 본격화되었다. 쑨원이 경고한 바와 같이 일본 제국주의는 서방 열강의 중국 진출 방식과 달랐다. 과거 영국, 프랑스, 미국 등은 통상과 외교, 선교사의 활동 등을 통하여 중국 내의 판도를 넓혀 갔다. 무력은 중국의 저항이 폭력화할 때 이에 대한 대항책으로 사용하였다. 또한 여러 서방 국가들 중 한 나라가 중국을 단독으로 식민지화할 수 없었던 것은 중국의 영역이 광활하고 열강 상호간의 경쟁이

치열하여 그들 간 일종의 세력 균형이 유지된 탓이었다. 그러나 1차 대전 후에 이 세력 균형이 무너지기 시작하였다. 대전의 승전국으로 부상한 일본은 산둥山東반도를 점령하였으며, 1927년에 이르러 이곳에 일본 육군을 파병하였다.

일본의 군사력을 앞세운 팽창은 1931년 만주 점령으로 서방 열강이 묵과할 수 없는 정도가 되었다. 국제연맹을 통한 서방 국가들의 압력에도 불구하고 일본은 물러서지 않았다. 1932년 상하이사변上海事變을 일으켜 일본군 3개 사단을 증파하였다. 이어 청조의 마지막 황제였던 푸이溥儀를 수령으로 하여 일본의 괴뢰 만주국滿洲國을 세웠다. 일본은 1933년 국제연맹을 탈퇴하였다.

제국주의 일본의 중국에 대한 군사적 압박이 더해왔다. 일본은 중국 화베이華北 지방 5개 성省을 중국으로부터 분리시켜 독립정권을 수립하려는 공작을 폈다. 이런 와중에 국민당과 공산당 간의 연대가 다시 이루어지게 된다. 이를 제2차 국공합작1937~45이라고 한다.[12] 1937년 7월 7일 북경 교외 루거우차오蘆溝橋에서 중국군과 일본군이 충돌한 사건으로 촉발된 중일전쟁은 전면전으로 확대되었다. 일본군은 7월

말 베이징, 톈진 지역의 중국군을 격파하였고, 8월에는 일본군이 상하이에 상륙하였다. 12월 중순에는 수도 난징을 일본군이 장악하였다.

전선이 확대되면서 1945년까지의 긴 전쟁 기간 동안 국민당 군사력이 엄청나게 소진될 수밖에 없었다. 일본과의 전쟁이 끝난 후 벌어진 국민당 · 공산당 간의 내전에서 결국 공산당이 중국을 장악하게 된다. 공산군의 수적인 열세에도 불구하고 마오쩌둥은 그 특유의 농촌 지방을 거점으로 하는 게릴라 전술을 구사하여 본토를 석권하였다.

마오쩌둥의 전략사상과 대중화 민족주의

마오쩌둥은 1921년 7월 1일 중국공산당 창당을 선언한 11인 위원 중 한 사람이었다. 1923년 제3차 당대회에서 조직부장으로서 국민당과의 연대를 지지하였다. 당시 공산당은 당원 1,000명 미만의 소수 세력이었다. 그가 공산당의 절대적인 지도자로 부상하는 것은 1934~1935년간의 남쪽의 장시江西로부터 북쪽의 산시山西에 이르는 거의 10,000km에 달하는 대장

정의 도상에서였다.[13]

그가 1938년 10월 중국공산당 6차 전당대회에서 행한 "신단계를 논함"이라는 보고에 그의 정치 및 군사 전략가로서의 면목이 드러난다. 그의 전략사상에는 ① 중화민족주의, ② 사회주의 혁명의 역사관, ③ 반제국주의적 국제정치관이 배합되어 있었다.

중국은 대국으로서 땅이 넓고, 자원이 많고, 사람이 많고, 군인도 많다. 중화민족이 이미 모욕, 침략, 압박에 항거하여 일어섰으니 최후의 승리, 즉 민족 자유해방의 서광은 밝아지고 있다고 하였다. 한편 항일 전쟁은 중화민족의 역사상 가장 진보적인 시기에 수행되고 있다고 하였다. 즉 민족 해방을 위한 전쟁과 병행하여 공산주의 혁명이 진행되고 있으니, 이는 곧 중화민족의 진보 과정이라는 의미를 부여한 것이었다. 그리고 국제적으로 반파시스트 연대가 형성되어 일본 제국주의가 붕괴하는 시기가 도래하고 있다고 보았다.

마오쩌둥의 민족주의는 대중화大中華 민족주의이다. 한족漢族이 중심을 이루되 청 제국 내에 있었던 모든 소수 민족을 포용하고자 하였다. 몽골족, 후이족回族, 티베트족, 먀오족苗族, 야오족瑤族 등 각 민족은 한족과 동등한 권리를 가지고 일본에 공동으로 대항하며, 각 민족이 자치의 권리를 가지는 동시에 한족과 연합하여 하나의 중국을 건설할 것이라고 하였다. 각 소수민족의 문화, 종교, 관습을 존중하고 그들에게 한학漢學, 한어漢語의 학습을 강제하지 않고 자신의 언어, 문화, 교육 발전을 도모할 수 있도록 지원할 것이라고 하였다. 대한주의大漢主義를 지양하여 한족은 평등한 태도로 여러 소수민족을 대하며, 그들에게 경시적 언어를 쓰지 말 것이며, 행동에서도 각별히 조심하여 중국 전체가 하나가 되도록 해야 할 것이라고 하였다.[14]

마오쩌둥은 쑨원의 삼민주의를 이어 받았으되, 여기에 공산주의 혁명 사상을 배합하여, 중국공산당의 행동철학으로 체계화하였다. 중국 민족이 외세의 압박에 항거하면서, 동시에 공산주의 혁명을 이루어나가는 역사적인 발전을 이루고 있으며, 일본 제국주의 세력은 패퇴할 수밖에 없다는 앞날을 내다보는 메시지를 제시하였다. 이와 같은 비전vision은 중국 농민을 역사의 동력으로 올려놓는 그의 게릴라 전쟁 전략과 배합되었다. 한편 그는 청 제국의 역사적 유산을 이어받았다. 즉 중국 대륙을 통일 제국으로 유지해온 전통을 지켜야 한다는 것을 당연한 명제로 받아들였다.

민권, 민생의 희생

2차 대전이 끝나면서 많은 피식민지 국가들이 해방을 맞았듯이 중국에서도 구미 세력과 일본이 물러났다. 1949년 공산당이 중국 대륙을 장악하였다. 마오쩌둥의 카리스마에 의존하는 공산당 독재 체제가 자리 잡아갔다. 민족주의의 기본 목표였던 독립을 이루게 되자 이제 공산주의 이념이 중국을 휩쓸게 된다. 마오쩌둥은 이념적 순수성에 집착하였다.

공산당 독재를 교조적 원칙으로 삼았으므로 이는 중국 전통과의 단절을 의미하였다. 그리고 쑨원이 삼민주의에서 주장한 민권주의는 실현할 수 없게 되었다. 쑨원은 민권주의를 주창하면서 중국의 전통적 유학 사상에서 백성을 가장 귀하게 여기며, 근대 이후 세계의 대조류는 민권 통치라고 하였다. 유교적 이상주의와 구미의 진보적 정치사상을 융합하고자 한 이러한 사고는 마오쩌둥의 이념 세계에서는 자취를 갖추었다.

삼민주의의 또 하나의 기둥이었던 민생주의 또한 퇴색하였다. 쑨원은 '민생'이란 인민의 생활, 국민의 생계, 대중의 생명 등의 의미로 이해할 수 있다고 하였다. 그러나 마오쩌둥이 추구한 '거대혁명전략'에서는 중국의 인구가 전략적 자산으로 취급되는 듯하였다.

그의 혁명전략을 추구하는 과정에서 엄청난 인명의 희생이 따랐다. 먼저 중국공산당의 명맥을 잇기 위한 대장정1934~1935에 약 86,000명이 동원되었는데 10,000km에 이른 행군 뒤에는 8,000명 정도만 살아남았다. 공산당 정권 수립 후 1958년부터 1961년까지 추진된 '대약진운동'의 결과로 적어도 20,000,000명 이상이 대기근으로 아사하였다. 공산주의 이상향을 단기간에 건설하여 세계의 모범이 되겠다는 포부를 내세운 이 운동을 조속한 집단화, 급속한 농·공업 생산 증대를 위해 밀어 붙였다. 초기에는 상당한 성과가 나타나는 듯하였으나, 중앙에서 설정한 목표 달성에 집착한 무리한 행정이 재앙을 초래하였다. 절대권력자가 제시하는 목표의 합리성 여부에 대한 검증이 결여된 데 원인이 있었다.

대약진운동의 실패에 따라 마오쩌둥의 권위가 일시 약화되었으나 그는 소위 '문화혁명'을 통하여 다시 중국 정치의 중심에 섰다. 1965년 말부터 당 관료들의 '수정주의'를 비판하며 대대적인 이념 숙정 캠페인을 벌였다. 군과 청소년을 동원한 '제2의 혁명'에서 공산당 관료의 60%가 숙청되었다. 이 와중에 당원 약 400,000명이 구타를 당하는 등의 불상사로 사망하였다. 중국 당국의 공식 집계로는 전체적으로 700,000명이 처벌을 받고 이 중 35,000명이 사형에 처해졌다고 한다.[15]

마오쩌둥의 대외전략에도 인명의 희생이 따랐다. 중국은 6 · 25 전쟁에 북한을 원조하기 위해 파병하였으며, 소위 '인해전술'로 참전국 중 가장 많은 약 900,000명의 사상자를 내었다. 그는 핵전쟁의 위협에 관해서는 중국이 핵 공격을 받는 경우 수억의 인구가 희생되더라도 종국적으로 중화 제국의 실체는 존속할 것이라고 하였다. 오히려 그러한 희생은 공산주의 이념의 승리를 촉진할 수 있다는 전망이 그가 공식화한 전략 개념에 들어 있었다.

그리고 그는 국 · 공 내전에서 농촌을 기반으로 한 게릴라 전략이 승리를 가져왔듯이 미래의 국제정치에서도 세계 판도에서 농촌지역에 해당하는 후진국들이 선진국과의 투쟁에서 최종의 승리를 거둘 것이라고 하였다.[16] 중국이 이 투쟁의 이념적 기수임을 자처하였다. 이 같은 마오쩌둥의 공산주의 혁명 전략이 중국을 지배한 기간 동안 쑨원이 설파한 민생주의는 잊혀진 듯하였다.

개혁 · 개방과 국제주의

1976년 마오쩌둥이 세상을 떠났다. 중국 역사의 큰 획이 그어졌다. 1978년 말부터 국정을 장악한 덩샤오핑鄧小平은 마오쩌둥의 이념 중심 정치에서 실사구시實事求是의 정치로 선회하였다. 중국의 개혁 · 개방 시대가 열린 것이다. 그의 사고에 국제주의적 성향이 뚜렷하였다.

마오쩌둥의 세계관은 계급투쟁의 역사관에 근거하여 국제관계에서도 갈등과 각축관계를 기본 틀로 전제하였다. 그러나 덩샤오핑의 국제정치관은 이와 달랐다. 그는 세계 주요 강대국을 포함한 많은 나라들이 '평화'와 '발전'을 추구하고 있다고 보았다. 국제관계에서 상호 의존도가 높아지고, 국가 간의 경쟁에 있어서 군사력을 앞세운 각축보다는 경제와 과학 · 기술로 뒷받침되는 총체적 국력이 중요하게 되었다고 하였다. 중국은 이 세계 조류 속에서 개혁과 발전의 계기를 찾아야 할 것으로 사고하였다. 이와 같은 논리로 중국 정부는 4개 부문의 현대화, 즉 농업, 공업, 국방 및 과학 · 기술의 현대화를 국가 목표로 내세웠다. 경제발전을 국가정책의 최우선 목표로 삼았다.

이와 더불어 1980년대 초부터 대외정책을 재조정하였다. 1982년 중국공산당 제12차 전국대표회의에서 독립 · 자주 · 평화의 외교정책 기조를 채택하였다. 그리고 평화 외교를 위한 5대 원칙 즉, 주권존중, 영토보전, 상호불침략, 내정불간섭 및 평화공존의 기준을 바탕으로 모든 나라와 우호 협력관계를 발전시키겠다고 하였다.[17] 한편 덩샤오핑은 도광양회韜光養晦라는 교훈을 남겼다. "빛을 감추고 때를 기다린다"는 의미의 이 말은 중국의 국력이 충분이 신장될 때까지는 세계 정치에서 선도적인 역할을 삼가라는 충고였다.

중국의 경제는 급속히 성장하였다. 1980~1991년

간 연평균 GDP 성장률 9.4%, 그 이후 1990년대 중에는 연평균 10% 이상의 성장을 기록하였다. 21세기에 들어와 앞날의 중국 경제발전을 전망하면서 향후 20년 내에 "전면적인 소강사회小康社會, 비교적 번영을 누리는 사회"를 건설할 수 있을 것으로 내다보았다.

덩샤오핑의 '평화'를 도모하며 '발전'을 추구한다는 기조는 그의 뒤를 이은 지도자들도 계승하였다. 장쩌민姜澤民 정부도 이 기조를 유지하였으며, 후진타오胡錦濤 시대에 들어와서는 화평굴기和平堀起라는 말로 표현되었다. 중국이 국제평화에 기여하며 국세의 신장을 도모한다는 의미이다.[18] 그런데 이 말에는 덩샤오핑의 교훈인 '도광양회'와는 달리 "중국이 일어나야 한다"는 것을 강조하는 어감이 실려 있다. 이미 장쩌민시대부터 이와 같은 분위기가 감지되었다. 2002년 제16차 당 대회에서 장 주석은 중국이 추구해야 할 3대 역사적 임무를 현대화 건설 추진, 중국의 통일 완성, 그리고 세계평화 수호와 공동발전 촉진이라고 하였다. 아울러 중화민족의 위대성 부흥이 중국공산당에 부여된 사명이라고 하였다.

중국몽中國夢 : 중화민족주의의 부활

2년 뒤 후진타오가 집권하면서 제시한 국가안보전략 목표에는 해양 권익의 수호, 종합 국력의 증강, 경제와 국방력의 조화로운 발전을 포함한 것이 눈에 띄었다. 21세기에 들어오면서 등장하는 구호 "중화민족의 위대성 부흥", "해양 권익의 수호", "종합 국력의 증강" 등에서 세계 정치에서 강대국의 역할을 꿈꾸는 중국의 자세가 보인다.

시진핑習近平 주석은 2012년 집권 이후 행한 첫 공식 연설에서 "우리는 역사상 어느 때보다 더 중화민족의 위대한 부흥이란 목표에 가까이 다가가 있으며 … 이 목표를 실현할 자신감과 능력이 있다"고 하였다. 그는 국가주석의 자리에 오르기 전부터 중국이 세계 정치에서 더 큰 역할을 하기를 바랐다. 2012년 2월 부주석으로서 워싱턴포스트와의 서면 인터뷰에서 "광활한 태평양은 중국 · 미국 두 나라를 수용할 만큼 충분한 공간이 있다"고 하였다.[19] 이 말은 이제 중국이 미국과 함께 세계 질서를 공동 관리할 수 있는 지위에 올라섰다는 주장이다. 이 같은 발언의 연장선상에 센카쿠 열도를 둘러싼 일본과의 분쟁, 중국 방공 식별 구역 선포, 남중국해에서의 인공섬 건설, 그리고 일대일로一帶一路 프로젝트가 있다.

4장 국력의 해외 투사投射

센카쿠 열도 영유권 분쟁[20]

2010년 9월 7일 서태평양의 센카쿠 열도 주변 해역에서 중국 어선과 일본 경비정이 충돌하여 일본 해안경비대가 중국 선장과 선원들을 억류하였다. 이에 맞서 중국은 일본 주요 산업에 없어서는 안 될 희토류 수종의 대일 수출을 금지하고 일본인 4명을 중국 군사 구역을 침입하였다는 이유로 체포하였다. 이 같은 압박에 일본은 중국 선박과 선원을 풀어줄 수밖에 없었다.

이 일이 있은 후 2년 뒤인 2012년 9월 일본은 센카쿠 열도의 국유화를 선언하였다. 시진핑 정부는 강력히 대응하였다. 일본과 중국이 센카쿠 열도를 각기 자국 영토라고 주장해온 것은 오래된 일이지만 이 섬들이 일본인 개인 소유로 돼 있는 동안은 영유권 문제가 첨예한 분쟁으로 치닫진 않았다. 그러나 이제 일본 정부가 이 섬들을 매입하였다고 선언하였으니 중국의 반발은 예상된 일이었다.

중국은 영해를 센카쿠 주변 해역으로 확장한다고 선언하고 해양순시선 6척을 파견하였다. 이후 몇 달 동안 중국 해군이 이 해역을 순시하였다. 한편 중국 국내에서는 일본 정부의 센카쿠 열도 매입에 항의하는 시위가 곳곳에서 벌어졌다. 베이징의 일본대사관 주변을 수천 명의 반일 시위대가 에워쌌다.

중국과 일본의 반일, 반중 여론이 악화되었다. 인민일보와 일본 싱크탱크 Genron NPO가 2013년 8월 공동 의뢰한 여론조사에서 중국인 응답자의 90% 이상이 일본에 대하여 비우호적인 태도를 보였고, 일본 측도 약 90%가 중국에 대하여 비우호적이었다. 이전에 비해 비우호도가 상당히 늘어난 것은 센카쿠 열도를 둘러싼 분쟁에 원인이 있는 것으로 분석되었다.[21] 중국의 민족주의적 정서는 특히 일본을 대상으로 할 때 맹렬해진다.

중국 방공 식별 구역 문제

중국 국방부가 2013년 11월 23일 동중국해 지역에 중국 방공 식별 구역China Air Defence Identification Zone, CADIZ을 일방적으로 선포한 것도 센카쿠 열도의 영유권 분쟁과 얽혀 있다. CADIZ에 센카쿠 상공을 포함시켰으니 일본이 항의하리란 것은 명백하였다. CADIZ에는 한국의 이어도 상공도 포함하여 한국 정부의 항의가 따르고, 중국의 의도에 대하여 의구심을 갖는 여론이 일었다.

CADIZ의 일방적 선포는 2차 대전 이후 유지되어 온 미국의 서태평양 제해권을 중국도 나누어 갖자는 뜻을 내포하고 있다. 일단 중국 근해와 인근 상공에 대한 중국의 관리권을 주장하며 외교적 입지를 넓혀 나가고자 한다. 동중국해 연근해를 근접 비행하는 미국 정찰기에 대해서도 제동을 걸 수 있는 근거를 마련하고자 한 것이다.

미국과 일본은 이 선포의 철회를 요구하였다. 미국은 이 방공 식별 구역을 인정하지 않을 것이며, 미국의 작전에도 전혀 영향을 주지 않을 것이라고 하였다. 미국의 B-52기 두 대가 이 구역 상공을 비행하며 이와 같은 입장을 전하였다. 한편 미국은 상황을 진정시켜야 할 것으로 판단하였다. 바이든 부통령이 중국을 방문하여 시진핑 주석을 만난 자리에서 이 문제에 관한 견해차를 대화와 소통을 통해 해결하자고 하였다.

이 자리에서 시 주석은 중국과 미국 간에 '신형대국관계'를 구축해야 한다고 하며 동아시아 전략 구도에서 중국의 입지가 넓어져야 한다는 생각을 숨기지 않았다. 또한 미국과 중국은 "서로의 핵심 이익을 지켜 줘야 한다"며 최근 불거진 영유권 문제에 대한 중국의 입장을 존중해 줄 것을 요구하였다.[22]

한국에게는 중국의 방공 식별 구역 선포가 정부의 입장을 재정리하는 계기가 되었다. 제주도 남단의 한국 방공 식별 구역Korea Air Defence Identification Zone, KADIZ을 비행 정보 구역Flight Information Region과 일치시킨 결과 이어도가 KADIZ에 포함되게 됐으며, 일본 방공 식별 구역에 들어가 있는 마라도와 홍도 인근 상공도 KADIZ에 포함시켰다.

일반적으로 방공 식별 구역 설정은 기능적인 사무이며, 관련 국가들의 주권이 첨예하게 충돌하는 것을 방지할 수 있는 여지가 있다. 한국, 중국, 일본이 각기 설정한 방공 식별 구역이 중첩되더라도 그 자체가 서로의 영토주권을 침해한 것은 아니므로 상호 협의를 통하여 갈등을 피해갈 수 있는 것이다. 이번 경우가 갈등의 원인으로 부각된 것은 센카쿠 열도 상공이 일본과 중국 양쪽의 방공 식별 구역에 포함되게 된 탓이었다.

남중국해

2016년 7월 헤이그의 국제중재재판소는 중국의 남중국해에서의 영유권 주장이 국제법상 무효임을 판시하였다. 중국이 남중국해의 스프래틀리 군도Spratly Islands, 중국명 난사군도 南砂群島에 인공섬을 건설하여 광범한 해역의 영유권을 주장한 데 대하여 필리핀이 그 불법성을 주장하며 국제중재재판소에 제소한 지 3년 후 나온 판결이었다.

우선 재판소는 문제가 되고 있는 스프래틀리 군도는 모두 암초나 바위이며 섬으로 볼 수 없다고 하였다. UN 해양법The UN Convention on the Law of the Sea 규정에 의하면 암초는 인근 해역에 대한 영유권 주장의 근거가 될 수 없으며, 바위라면 주변 12해리 내에 권리를 주장할 수 있다.

그런데 재판소는 중국이 필리핀의 배타적 경제수역Exclusive Economic Zone, EEZ 내에서 불법 행위를 하였다고 지적하였다. 난사군도는 필리핀 해안선에서 200해리 내에 있는 이 나라의 배타적 경제수역인데 중국 어선이 들어와 불법적으로 조업하면서 오히려 필리핀 선박의 접근을 막은 것이었다. 더욱이 중국은 이 해역에 인공섬을 건설하여 지정학적 긴장을 초래하고 환경을 훼손하였다. 재판소는 중국이 주장하는 남중국해에 대한 역사적인 권리를 전혀 인정할 수 없다고 판시하였다.[23]

중국 정부는 이 판결을 받아들일 수 없다는 태도이다. 이같은 반응은 예견된 것이기는 하였다. 중국은 2012년 11월의 제18차 공산당 대회에서 '해양 강국 건설'이라는 목표를 내걸었다. 이듬해 7월에는 국가해양국을 신설하였는데 정부의 여러 기관에 분산된 해양 업무 기능을 통합하여 관장토록 한 기구였다. 여기서 공안부에서 관장하던 변방의 해안경찰 업무, 농업부에 속하던 어업 관리, 해관총 소관이었던 해상 밀수 단속 업무 등을 모두 총괄하게 되었다. 이 국가 해양국이 신설된 이래 중국의 남중국해에서의 활동이 눈에 띄게 달라졌다.

2014년 중국은 베트남과 영유권 분쟁 중인 파라셀 군도Paracel Islands, 중국명 시사군도 西沙群島 해역에 석유 시추선을 투입하여 갈등이 고조되었다. 2016년 3월에는 중국 해안경찰이 스카버러 섬Scaborough Shoal, 중국명 황옌다오 黃巖島 인근 해역에서 조업하던 필리핀 어민들을 레이저 빔으로 공격하였다. 같은 달 인도네시아의 배타적 경제수역인 나투나 제도Natuna Islands 해역에서 이 나라 해양수산부 선박이 불법 조업 중이던 중국 어선을 나포하려 하자 중국 해안경찰선이 들이받으며 방해하였다.

이와 같은 불상사에 대하여 중국 외교부 대변인은 "중국이 관할 해역에서 합법적으로 순찰하며 해양 질서를 수호한 것으로 당연한 업무 수행"이라고 하였다. 중국은 현존하는 국제법 질서를 무시하며 물리적인 힘으로 이웃 나라들을 위압하여 남중국해에서 패권을 수립하려 한다.

일대일로

필리핀이 중국을 국제중재재판소에 제소한 해인 2013년, 시진핑 주석이 카자흐스탄과 인도네시아를 방문하는 기회에 일대일로一帶一路, One belt, One road 구상을 발표하였다. '일대'는 고대 한나라 때부터 있던 육상 실크로드 주변 지역을 아우르는, 중국에서 중앙아시아를 거쳐 유럽에 이르는 광범한 경제 벨트를 말한다. '일로'는 15세기 명나라 때 쩡허鄭和 제독이 개발한 해로를 연장하여 남중국해, 인도양, 지중해를 가로지르는 해상 실크로드를 상정한 것이다.

이 일대일로로 이어지는 지역의 공항, 항만, 철도, 고속도로, 송유관, 통신망 등을 구축하여 유라시아와 아프리카의 번영을 도모하자는 구상이다. 이 지역의 많은 개발도상국들이 각기 자체적으로 대규모 인프라 건설을 추진하기는 어려우므로 중국이 나서서 투자와 사업 실행에 주도적인 역할을 하고자 한다.

사업 추진을 위한 재원 조달을 위하여 아시아 인프라투자은행The Asian Infrastructure Investment Bank, AIIB이 2016년부터 가동되고 있다. AIIB는 2차 대전 직후 미국이 주도하여 세계금융질서 안정과 후진국 경제개발 자금 지원을 위해 창설된 국제통화기금International Monetary Fund과 세계은행World Bank에 비견되기도 하였다.

일대일로 구상은 중국 경제의 활력을 북돋우기 위해서도 바람직하다는 생각에서 나왔다. 태평양에서부터 유럽의 중심부와 아프리카에 이르는 광범한 지역을 포괄하는 이 사업은 향후 30여 년에 걸쳐 약 4조 달러의 투자를 유발할 수 있을 것으로 예상된다. 세계 경제 지형에도 큰 변화를 가져올 수 있을 것이다. 다양한 대규모 인프라 사업이 진행되면 중국 기업들에게 새로운 시장이 열리는 것이며, 금융 부문도 확장의 기회를 맞게 될 것으로 전망할 수 있다.

중앙아시아를 비롯하여 서쪽으로의 물류망이 발전하고 교역이 활발해지면 비교적 낙후한 중국 중서부의 경제도 활기를 띠게 될 수 있을 것으로 기대한다. 근년에 들어 중국 경제 성장세가 둔화되고 있는 가운데 장래를 낙관하기 어려운 상황에서 베이징 정부는

일대일로 추진을 통하여 새로운 도약을 위한 계기를 마련하고자 하였다.[24]

중국과 한반도

중국의 국제정치관이 변화함에 따라 한반도에 대한 정책도 바뀐다. 중국이 1970년대 말부터 개혁·개방을 추진함에 따라 한국이 중국의 경제발전을 위한 중요한 파트너로 부상하였다. 이후 양국 간의 무역, 경제협력이 계속 확대되어 이제 한국에게 중국은 제1 무역 상대국, 중국에게 한국은 제3 무역 상대국이 되었다.

중국은 1992년 한국과 외교관계도 정상화하였다. 북한과는 전통적인 혈맹관계의 성격이 완화된 듯하나, '북·중 우호협력 상호원조조약'은 계속 유효하다. 경제 위기에 처한 북한에게 상당한 원조를 제공하면서, 북한도 개혁·개방정책을 도입할 것을 권고해 왔다.

북한 핵 문제로 긴장이 고조될 때 중국은 중재자 역할을 해왔으며 2000년대에 들어와 6자회담의 주최국이 되었다. 중국은 모든 회담 당사국들이 인내심을 갖고 협상을 통한 문제 해결에 노력해야 한다는 입장으로 일관하여 결과적으로 북한의 외교적 입지를 보호해 주었다.

6자회담이 시작된 해인 2003년부터 회담이 결렬되기까지 약 5년 기간 동안 북한의 중국에 대한 무역의존도가 대폭 증가하였다. 2003년 32.7%에서 2008년 73%로 늘었다. 현재 중국은 북한이 수입하는 석유의 90%, 식량의 45%, 생활필수품의 80%를 공급한다.

북한의 거듭된 핵실험, 미사일 발사에 대한 UN의 제재결의안에 대해서는 중국도 반대할 명분이 없다. 그러나 북한 핵 문제에 대한 중국의 사고는 복잡하다. 사실 중국의 논자들 중에 남·북한 간 이념과 제도, 그리고 발전 정도의 차이에 따라 상호 대립은 불가피하며, 한국은 미국의 핵우산 아래 있으므로, 북한의 핵 개발은 이해할 만하다는 견해를 내놓은 이들이 있다.[25]

한국 정부에게는 한반도 비핵화가 양보할 수 없는 목표이지만, 중국은 이 목표가 바람직하지만 절대적인 것은 아니라고 인식하는 듯하다. 문재인 대통령이

2017년 7월 베를린에서 시진핑 주석을 만나 중국이 북한 핵 문제의 해결을 위해 더 적극적인 역할을 해 줄 것을 요청했을 때, 시 주석은 중국은 해야 할 역할을 다하고 있다고 응대하였다. 그리고 중국은 북한과 '혈맹'의 관계이고 한국과는 25년 전 외교관계를 맺었다고 발언하였다. 중국의 지정학적 사고의 일단을 보여주었다.

중화민족주의의 문제

지금까지의 논의를 종합하여 중국의 국제관계에 대한 인식과 민족주의의 문제를 다음과 같이 요약할 수 있다.

(1) 중국의 전통적인 중화관념이 18세기 말부터 19세기 전반에 걸친 대외환경의 변화에 대한 판단을 흐리게 하였다. 아편전쟁은 중국과 영국의 세계관이 타협을 이루지 못하여 발발하였다. 아편전쟁 이후 한 세기에 걸쳐 중국이 당한 수모와 착취의 기억은 중국인의 의식을 떠나지 않는다.

(2) 외환이 닥친 때 청 정부의 부패와 무능에 항거하는 민란이 빈발하였다. 1848년부터 1864년까지 계속된 태평천국의 난은 한인漢人들의 만청滿淸에 대한 민족적 저항이기도 하였다. 이 저항정신은 외세의 침탈이 확대, 심화되는 가운데 근대적 민권사상과 결합하였다. 신해혁명1911 지도자들은 반청복한反淸復漢을 완성함과 동시에 유럽 의회민주주의의 모델을 중국에 도입하고자 하였다.

(3) 쑨원의 삼민주의 사상은 열강의 반식민지로 전락한 중국의 주권을 되찾기 위한 저항 민족주의, 중국 정치와 사회의 근대화를 위한 민권주의 및 민생주의로 구성되었다. 그는 중국의 전통과 근대를 이어주는 사상체계와 중국의 미래를 위한 백년대계를 제시하였다. 장제스는 국민당의 지도자로 그의 대를 이었으며, 마오쩌둥은 그를 중국 공산주의 혁명의 시조라고 하였다. 그러나 장제스와 마오쩌둥이 실제 펼친 정치는 쑨원의 이상과는 거리가 멀었다.

(4) 중국의 저항 민족주의는 1차 대전 후 일어난

5 · 4운동을 계기로 하여 거국적으로 전개되었다. 일본 군국주의의 침탈이 격화되자 국민당과 공산당을 중심으로 한 무장투쟁은 중일전쟁으로 확대되었다.

(5) 마오쩌둥은 ① 대중화大中華 민족주의, ② 사회주의, ③ 반제국주의를 추구하였다. ①로써 중국의 광활한 영토와 다민족 제국의 유산을 이어가고, ②의 이념적 순수성에 집착하였으며, ③은 패전으로 일본이 물러간 후에도 그의 국제정치관을 지배하였다.

마오쩌둥은 쑨원을 중국 공산주의 혁명의 시조라고 받들었으나 이 두 지도자의 정치사상은 대조적이다. 쑨원은 '민족'을 역사의 주체로 설정하고 있으나 마오쩌둥에게 '민족'은 혁명의 대상이었다. 한편 쑨원은 '국민주권'을 신봉하였다. 국민을 통치의 주체로서 인정하였다. 그래서 의회민주주의를 중국에 도입하고자 하였다. 그러나 마오쩌둥은 공산당 엘리트가 통치의 주체가 돼야 한다고 믿었다. 그리고 쑨원은 인민의 생활과 국민의 생명을 중시하였다. 그러나 마오쩌둥은 중화제국의 전략적 목표를 위해 인민의 희생이 불가피할 수 있다고 사고하였다.

(6) 마오쩌둥 시대가 막을 내린 후 중국을 이끈 덩샤오핑은 국제주의적 사고로 개혁 · 개방정책을 추구하였다. 이 정책으로 중국이 유사 이래 경험하지 못한 경제발전을 이루어냈다. 30년 만에 세계 제2의 경제대국이 되었으며, 향후 20년 내에 미국의 경제규모를 상회할 것으로 전망되고 있다. 50년 전엔 아무도 예상하지 못한 변환을 이루어냈다. 경제발전과 더불어 국가의 포부도 새로워진 듯하다. 유구한 역사와 문화에 대한 자부심, 중화의 기억이 되살아나고 있다. 중국 정부는 젊은이들의 마음에 이 같은 자부심을 일깨우고 애국심을 배양하고 있다.[26]

(7) 그런데 이런 의식의 변화가 기존 국제질서에 도전하는 양상으로 나타나는 것이 문제이다. 남중국해에서 일방적 대국주의가 현저하다. 무력의 시위 혹은 사용을 통하여 위세를 과시하는 예가 흔하다. 중국의 부상과 더불어 국제관계에서 순

화되어야 할 권력정치가 다시 그 민낯을 보이고 있다.

(8) 중국의 한반도 문제에 대한 사고의 방향은 중국이 미국에게 '신형대국관계'를 주장하며 서태평양 지역에서 자국의 영향력을 확대하려는 정책의 맥락에서 결정된다. 북한 핵 문제가 중국의 이 포부와 연관된다. 중화의 부활을 꿈꾸는 중국에게 미국과 일본은 견제해야 할 대상이므로 핵무기를 가진 북한이 그와 같은 역할의 일부를 대신할 수 있을 것으로 기대할지 모른다.

제2부
일본 민족주의의 변용

5장 일본의 근대화와 부국강병

일본의 대국의식大國意識과 해외팽창론

임진왜란 이후 17세기 초엽부터 일본을 통치한 도쿠가와 막부德川幕府는[27] 약 200년 동안 제한된 범위의 대외관계만 허용하였다. 그러나 18세기 말부터 대외 여건에 변화가 일기 시작하였다. 1792년 러시아 황제의 사절 락스만Adam Laksman이 와서 일본과의 국교를 요청한 일이 있었다. 막부는 이 요구를 거절하였다. 일본은 조선, 류큐琉球, 오키나와와만 교류하고, 중국, 네덜란드와만 무역하며, 그 밖의 나라들과는 일체 교류하지 않는다는 '4개국 통신통상론'이 공식정책이었다. 러시아의 사절이 물러간 후 잠잠한 터에 이 기조는 문제 없이 유지될 수 있을 것으로 보였다.

한편 당시 해외정세를 논하는 일본의 지식인들 사이에 나라의 문을 닫고만 있을 수 없다는 논의가 나오게 된다. 아이자와 야스시會澤安는 1825년 내놓은 「신론新論」에서 당시의 세계 상황이 고대 중국의 전국시대와 같으며, 러시아, 오스만튀르크, 무굴제국, 페르시아, 유럽 세력, 청, 일본 등 7개의 강대국이 대치하고 있는 상황이라고 하였다. 그러면서 특히 러시아의 팽창 정책이 동, 서로 펼쳐질 것이라고 우려하였다.

일본이 세계 7대 강국 중 하나라고 한 것을 주목할 만하다. 「신론」이 나오고 약 80년 후 러일전쟁이 발발한 사실을 상기하면, 이와 같은 세계정세관이 갖는 역사적 의미를 다시 생각하게 된다. 세계 상황을 전국시대戰國時代와 같다고 보는 시각은 일본 자체의 역사와 무관하지 않았다. 일본의 전국시대를 상기하며 당시의 세계가 군웅이 할거하여 패권을 다투는 형세라고 한 것이다. 해외로 진출하는 유럽 국가들은 세계 정복에 나선 무자비한 세력으로 보였다. 무력의

우열에 민감한 사무라이 문화 속에서 국방 위기의식이 생기는 것은 당연하였다.[28]

이와 같은 의기의식은 일본의 특수성에 대한 자의식에서 생성된 것이기도 하였다. 일본은 천황의 혈통이 만세일계萬歲一系-혈통이 한 번도 바뀌지 않았다는 것로 이어져 오며, 오랜 세월 독립을 보전해 온, 이웃 조선이나 중국과는 다른 '특수한' 나라라는 담론이 있었다. 중국은 신하나 백성이 군주의 정권을 뒤엎은 숱한 역성혁명을 겪었으며, 조선은 수많은 외침에 시달린 역사가 있으나, 일본은 황실의 혈통이 유지되고, 국토가 외국군에 유린된 적이 없는 '순결함'을 유지해 왔다는 것이다. 이렇게 자신이 특수하며 순결하다는 의식은 외세에 의하여 이 고유함이 훼손될 수 있다는 두려움, 경계심을 더 날카롭게 하였다.

이 위기를 극복할 수 있는 방책으로서 해외웅비론海外雄飛論이 등장하였다. 서양 정세를 전문적으로 공부한 혼다 도시아키本多利明, 1743~1821는 서양이 강해진 것은 항해와 무역 덕분이라고 하면서 일본은 사면이 바다이므로 이와 같은 방향으로 발전할 수 있는 유리한 여건을 갖추고 있다고 보았다. 그는 캄차카로 수도를 옮기고 이를 중심으로 당시 활성화되고 있던 북방 교역권을 일본이 장악하여 러시아 세력의 침입을 막고 무역 국가로 발전하는 꿈을 꾸었다.

한편 군사적, 정치적 해외 팽창을 주장한 이들도 있었다. 사토 노부히로佐藤信淵는 19세기 초에 이미 무력에 의한 해외 진출을 주장하였는데 100년 뒤인 1930년대의 일본 팽창정책에 이론적 근거를 이미 제공한 듯하다. 일본은 조물주로부터 선택받은 나라라고 하였다. 천혜의 자연적 조건을 갖추어 물자가 풍부하고, 지리적 조건은 해외 진출에 유리하며, 인물이 용감하여 세계를 지도할 만한 자격을 갖추었다고 하였다. 능히 만국을 통일할 수 있다고 하였다. 도쿠가와 막부 출범 이래 200여 년 동안 경제가 계속 발전하고 사회가 안정된 가운데 이와 같이 일본의 역할을 크게 설정하는 세계관이 나올 수 있었던 것으로 보인다.

사토는 먼저 조선과 만주를, 그리고 이어 중국을 정복할 수 있을 것이라는 로드맵도 제시하였다. 이와 유사한 해외팽창론을 주장한 이로 하시모토 사나이橋本左內와 요시다 쇼인吉田松陰, 1830~1859이 있다. 하시모토는 서양의 세계 침략으로 일본에 국방위기가 다가오고 있다고 하며, 일본이 독립을 지키기 위해서는 사할린 일대와 만주, 조선을 병합하고 미국 혹은 인도 내에도 영토를 가져야 한다고 주장하였다. 그러나 인도는 서양이, 사할린은 러시아가 손을 뻗치고 있어 당장 이와 같은 목표를 이루기는 어려우므로, 독립을 보전하기 위해서는 양대 강국인 영국 혹은 러시아 중 하나와 동맹을 맺어야 하는데, 지리적으로 가까운 러시아가 동맹 상대로 적당하다고 보았다. 요시다도 비슷한 시각에서 캄차카 일대, 만주, 조선, 호주, 타이완, 필리핀 등을 수중에 넣어야 한다고 하였다.

당시 일본 지식인들은 서양이 18세기 후반부터 해외로 진출하여 세계 각지를 식민지화하고 있는 사실을 알고, 장래 세계가 몇 몇 강대국의 권역으로 나뉘게 될 것이라고 전망하였다. 이 같은 추세가 시대의 대세여서 식민지가 되지 않으려면 스스로 강대국이 되어 하나의 세력권을 구축해야 한다고 보았다. 이와 같은 사고는 약 100년 후 나오는 대동아공영권 개념의 한 원형이라고 할 만하다.[29]

메이지유신

동아시아 국가들 중 아편전쟁1840~1842을 가장 충격적으로 받아들인 것은 일본이었다. 일본인들에게 아편전쟁의 패배는 청의 위기였을 뿐 아니라 일본의 위기이기도 하였다. 이를 계기로 쇄국수구론이 후퇴하게 된다. 쇄국정책을 고수할 경우 서양과의 전쟁이 발발하여 체제가 와해될 수 있다는 인식이 확산되면서 개국론이 고개를 들게 된다.

그러던 중 1853년 여름 에도 만 앞바다에 흑선黑船이 출현하였다. 미국 태평양 함대 사령관 페리Mathew Perry 제독이 이끄는 순양함 3척을 포함한 모두 8척의 군함이었다. 당시 미국 해군 함대 전체의 1/4에 해당하는 규모였다. 페리는 국교 수립과 기항지 제공 등을 요구하는 미국 대통령의 일본 천황 앞 서한을 전달하며, 일본의 답을 듣기 위해 이듬해 봄에 돌아오겠다고 하며 떠났다.

막부는 고심 끝에 이 요구를 수용하고 1854년 미일화친조약을 맺었다. 페리의 요구를 거절할 경우 그가 군사적 행동에 나설 것으로 짐작하였다. 시모다下田, 하코다테箱館 등의 항구를 기항지로 제공하며 제한된 범위의 무역을 허용하기로 하였다. 조약 내용 중에 서방 국가들의 중국과의 조약에 늘 포함되었던 '최혜국조항'도 있었다.

당시 막부는 개항에 매우 소극적이었으나 미국과의 조약 이후 다른 서방 열강과의 조약이 잇달았다. 1854년 10월에 영국과, 1855년 2월에는 러시아와 유사한 내용의 조약이 맺어졌다. 러시아와의 조약에서는 나가사키 항을 추가로 개방하기로 하고 '치외법권'도 허용하였다.

그러나 막부 정책의 기본 노선은 '제한적인 국제관계'의 원칙을 포기하지 않은 채 구미 열강에게 불가피한 정도의 양보만 한다는 것이었다. 그러나 이 정책은 오래 가지 못하였다. 4년 후인 1858년 일본주재 미국 총영사 타운센드 해리스Townsend Harris의 압박을 견디지 못하고 결국 미일통상조약을 체결하게 된다.[30]

이 과정에서 소극적 개국론은 적극적 개국론에게 자리를 내주게 된다. 미국의 강력한 통상조약 요구에서 드러났듯이 부분적 개항 정책은 유지할 수 없게 되었다. 이제 '굴욕외교'에 대한 개국반대론자들의 비난을 잠재우기 위해서라도 "개국을 통한 국위 선양"

을 내세우는 '적극적 개국론'이 필요하게 된 것이다. 개국이 오히려 일본을 부강하게 만들고 세계 속의 일본의 위상을 올리는 길이라는 주장이었다.

이와 같은 방향 전환을 주도한 인물이 막부의 로주[31] 홋다 마사요시堀田正睦이었다. 홋다는 네덜란드 문물에 심취한 인물이었다.[32] 서양 사정에 비교적 밝았고, 미국 공사 해리스와 협상하여 미일통상조약을 체결한 장본인이었다. 그와 같이 적극적 개국론을 편 인물이 막부의 권력 핵심부에 있었다는 것은 일본의 앞날에 중대한 의미가 있었다.[33]

막부는 서양 문물과 제도를 과감하게 도입하는 개혁을 추진하였다. 서양 서적을 번역하고 공부하는 연구소를 만들고, 항해술을 배우는 해군학교를 설립하였다. 제철소도 건립하였다. 이와 더불어 서양식 군사제도를 부분적으로 도입하였고, 서양의 내각제를 본떠 정부 구조도 개편해갔다.

막부가 추진한 이와 같은 개혁에 만족하지 않고 도쿠가와 체제 그 자체를 해체하여 일본을 중앙집권적 국가로 재편한 혁명적 대 변환이 메이지유신明治維新이었다. 마지막 쇼군 도쿠가와 요시노부德川慶喜, 1837~1913를 무력으로 밀어내고 새로운 통치체제를 수

립한 쿠데타였다. 유신의 중심 세력은 조슈 번長州藩, 사쓰마 번薩麻藩의 하급 사무라이 출신들이었다. 이들이 내세운 명분은 국가의 주권이 천황에게 있으므로 실제 통치권도 천황이 행사해야 한다는 것이었다. 그리고 헌법, 의회, 선거, 자본주의 등 제도를 받아들여 국가체제의 근대화를 이루고자 하였다.

봉건 영지의 하급 무사 계층에서 이와 같은 생각이 나올 수 있었던 것은 시대의 변화를 반영한다. 도쿠가와 체제 아래 200년에 걸친 평화가 지속되는 가운데 사무라이들은 칼 쓰는 무사에서 관료조직의 실무 관리로 변해갔다. 그리고 유학儒學을 공부하는 지식인이 되었다. 이 바탕 위에 서양에 대한 새로운 정보와 지식을 습득한 이들은 일본의 장래에 대해 토론하는 젊은 정치인들이 돼갔다. 명치유신을 주도한 인물 가운데 이토 히로부미伊藤博文와 이노우에 가오루井上馨 등은 사쓰마, 조슈 번에서 해외로 파견한 유학생단에 포함되어 있었다.

유신 당시 천황은 1867년 작고한 선친으로부터 황위를 물려받은 14세의 무쓰히토睦仁였다. 혁명의 명분은 천황의 대권을 다시 세운다는 것이었으나, 천황이 정치력을 행사하기에는 너무 어린 나이였다. 실제 통치권은 유신 주도 세력과 천황이 나누어 행사하였다고 할 수 있겠다.

이 분업 체제의 묘미는 실제 통치권을 행사하는 세력은 과두적 지도자 그룹이었으며, 그들 간의 세력 분포는 상황과 사안에 따라 변화하는 가운데, 시행되는 정책은 항상 천황의 이름을 빌려 정당화하였다는 사실이다.[34] 아무튼 무쓰히토 천황이 1912까지의 재위 기간 동안 사용한 연호가 메이지明治였으며 '메이지유신'이 일본 근대화 개혁의 대명사인 것은 널리 알려진 사실이다.

부국강병

1868년 4월 8일 천황은 5대 맹약을 발표하였다. 국정 철학의 기본은 천황 통치의 바탕을 굳건히 하기 위해 세계만방으로부터 지식을 받아들인다는 것이었다. 구미의 문물을 흡수하여 부국강병富國强兵의 목표를 추구한다고 선포하였다. 봉건제 하의 신분제도를 폐지하였다. 자본주의 체제의 작동을 가능하게 하는 사회적 변혁을 예고한 것이었다.

근대적 통치기구들이 점차 모습을 드러내게 된다. 1869년 8월 국가평의회는 산하에 6개 성省, 오늘날의 중앙부처을 설치하였다. 2년 후에는 평의회가 입법, 행정, 사법 기능으로 나뉘게 된다. 유신을 주도한 인물들이 실제 국정 운영에서 중추적인 역할을 하였다. 초기에는 각 성의 고문이나 중간 층 관리직에 있다가 차츰 대신大臣, 장관 직으로 승진하였다. 그 첫 예가 1871년 오쿠보 도시미치大久保利通가 재무대신 직에 오른 것이다. 1873년부터 유신을 이끌었던 젊은 사무라이들이 각 성의 대신 직을 맡는 것이 일반화되었다. 한편 수도를 에도로 옮기고 도쿄東京로 이름을 바꾸었다1868. 9. 3. 1869년 5월 황궁을 교토京都에서 이곳으로 옮겼다.

아울러 중앙집권 체제가 자리를 잡아 갔다. 번으로 나뉘어져 있던 봉건 영지 간의 경계를 허물고 전국을 현縣, 한국의 도에 해당으로 나누어 중앙 정부가 통할하는 체제로 바꾸었다. 조세권은 중앙 정부가 일괄적으로 행사하게 되면서 일부 번이 유지하였던 관세는 철폐되었다. 봉건 영주였던 다이묘大名들은 국가의 봉록을 받는 현 지사로 변신하였다. 결국 모두 3개 대도시 현과 72개의 일반 현으로 재편되었다.

1885년 12월 내각이 창설되었다. 유럽의 제도를 모델로 한 각 성省의 대신들로 구성된 중앙행정기구였다. 대신 직은 대부분 유신 주도 인물들이 맡고, 이토 히로부미 자신이 총리總理가 되었다. 1887년 국가공무원 채용을 위해 고시제도가 도입되었다.

모든 개혁은 부국강병의 목적을 위해 추진되었다. 군사력 증강에 바탕이 되는 전략적 산업의 개발에 힘을 쏟았다. 일본은 길핀Robert Gilpin이 이야기하듯이 정부가 경제 발전을 주도해 나가는 개발국가Developmental State의 전형이었다고 할만하다.[35] 철강, 조선업과 군수 공업 등에 역점을 두었다. 철도, 전신 시설 등 교통, 통신망의 근대화 및 확충에 박차를 가하였다. 이와 같은 인프라의 구축은 전체적으로 경제 생산성의 향상에 기여하였다. 소비재 산업 중에서는 특히 섬유산업의 근대화가 일본의 국제수지를 개선하는 데 크게 기여하였다.

군 조직을 정비, 증강하였다. 1871년 주로 사쓰마, 조슈, 도사土佐 번의 병력으로 구성된 1만 명 규모의 제국군을 창설하였다. 이듬해에 군사성을 육군성과 해군성으로 분할하였다. 새로 조직된 해군은 막부의 해군과 사쓰마 번의 함대로 구성되었는데 특히 사쓰마 출신 사람들이 지휘부를 차지하게 된다. 한편 육군은 조슈 출신들이 지휘부를 구성하였다.

이 중 야마가타 아리토모山縣有朋, 1838~1922의 역할이 컸다. 일본 근대 육군의 창시자로 알려진 그는 군부가 강력한 통치력의 보루라고 믿었다. 특기할 만한 것은 그는 군부가 정부 내에서 상당한 자율권을 갖도록 하는 권력구조를 구축하였다는 사실이다. 이는 향후 일본의 운명에 중대한 의미를 갖는다.

1878년 12월 군 사령관이 다른 행정 부서의 책임자와는 달리, 육군장관이나 내각의 통제를 받지 않는 독립 기관이 되게 하였다. 군 사령관은 천황의 지휘 아래 있으며, 천황을 직접 접견하여 군사 정책을 논의할 수 있는 구도였다. 이 원칙을 확립하면서 야마가타 자신이 육군대신 직에서 사임하여 군 총사령관이 되었다. 상황에 따라서는 군 총사령관의 정치적 비중이 총리의 역할을 능가할 수도 있는 구조여서 일본 군국주의가 발호할 수 있는 제도가 장치된 것이었다.

새 정부는 1873년 1월 징병제를 도입하였다. 모든 남자들이 그 사회적 배경에 상관없이 3년간의 현역 복무와 그 후 4년간의 예비역 복무를 하게 한 것이다. 이는 일본 역사에서 획기적인 일이었다. 과거 3세기에 걸쳐 평민은 무기를 소지할 수 없었다. 사무라이와 평민의 사회적 역할과 신분이 엄격히 구분되어 있었다. 그러나 이제 그와 같은 신분 구분이 사라지게 되었고 중앙정부는 병력 자원을 동원할 수 있는 범위를 넓히면서 통치권을 다져 나갔다.

헌법 제정-일본의 국가관

이토 히로부미는 1883년 8월 헌법기초특별위원회의 의장이 되어 근대 일본 정치체제의 틀을 짜 나갔다. 헌법 기초 작업은 1886년부터 본격적으로 추진되어 1889년 2월 11일 일본 역사상 최초의 헌법이 반포되었다. 새 헌법 속에 일본을 하나의 공동체로 묶는 국가관을 담았다.

이 국가관에 신화적 요소를 정치적 현실과 배합하였다. 천황은 신성불가침이며, 주권은 만세일계 황실의 계승자인 천황에게 있다고 하였다. 일본 국민은 다른 민족에게서 볼 수 없는 덕을 지니고 있으며, 이는 국민을 하나로 묶는 천황에 대한 충성심으로 나타난다고 하였다. 또한 국가를 이루는 단위인 각 가정에서는 부모에 대한 효도로 나타난다고 하였다. 이와 같은 도덕적 원리로 통합된 일본 사회는 조화로운 일체를 이룬다고 하였다. 일본을 천황을 정점으로 하는 하나의 가정과 같은 사회로 이상화하였다.

메이지 헌법에 담은 이와 같은 국가관은 독일 헌법 이론에서의 '국가유기체론'에 영향을 받은 것으로 보인다. 헌법 기초를 주도한 이토 히로부미는 헌법이 반포되기 전인 1888년 추밀원에서 일본의 국민성은 일본이 겪어온 역사의 산물이며, 천황 제도는 신체에서 뇌수가 진화하듯이 일본 정치 체제 내에서 발전하였다고 하였다.

그는 유럽에서는 기독교가 국민의 마음을 하나 되게 하는 원리로 작용하는 데 비해서, 일본은 그와 같은 종교적 전통이 없으며, 다만 천황 제도만이 그와 같은 역할을 대신할 수 있을 것이라고 보았다. 정치 · 사회적 목적을 위한 천황 존재의 의미를 밝힌 것이었다.

유럽으로부터 입헌군주제의 틀을 이식하면서도 일본 정치문화의 전통적 요소를 담아서 결과적으로 다분히 권위주의적 정치구조가 자리 잡게 되었다. 그런데 이 일본적 권위주의는 어느 한 사람의 통치자가 권력의 정상에서 전권을 휘두르는 구조가 아니라 1868년 유신을 주도한 인물들이 권력을 분점하는 과두적 협의체제의 성격을 띤 것이었다. 이토 히로부미는 이 과두체제의 한 핵심 지도자였다.

헌법은 의회를 구성하는 원칙과 절차를 밝혔다. 귀족원貴族院과 중의원衆議院을 두는 양원 제도로서, 귀족원은 귀족 중 천황이 임명한 의원들로, 중의원은 유권자들이 선출한 의원들로 구성하기로 하였다. 중의원 선거 투표권을 가지는 유권자의 범위는 넓지 않았다. 15엔 이상의 세금을 내는 성인 남자로 제한하였는데, 1890년 당시 약 450,000명으로서 전 성인 남성 인구의 약 5%에 해당하였다.

의회는 상당한 권한이 주어졌다. 국가 예산의 획정과 모든 법규의 제정은 양원을 통과하도록 하였다. 헌법은 종교의 자유를 보장하였으며, 언론, 출판, 집회, 결사의 자유도 보장하였다. 사유재산권을 인정하고 개인의 권리가 법적 절차에 의해 보호되도록 하였다. 그러나 국민의 자유와 권리는 '법이 정하는 바에 따라' 제한될 수 있으며 '사회 안녕과 질서를 해치지 않는 범위 내에서' 허용한다는 단서를 두었다.

이토 히로부미는 내각이 통치권을 유지하는 데 정당의 뒷받침이 있어야 한다고 생각하였다. 내각은 초월적 존재로서 의회 정치에 구애되지 않아야 한다는 보수적 사고에서 벗어나, 정당정치의 현실을 인정하며 '여당'을 만들어 정부의 지지 기반을 확보해야 한다고 보았다. 1900년 9월 입헌정우회가 여당으로서 출범하는 배경이다. 이어 10월에 정당인들과 이 정당에 가입한 관료들로 구성된 내각을 구성하여 자신이 총리가 되었다.

6장 제국주의의 비극

조선정벌론과 청일전쟁

메이지 유신 지도자들의 목표는 일본이 근대화를 통하여 부국강병을 이루어 구미 제국주의로부터 나라의 독립을 지키고 나아가 이들 열강과 대등한 지위에 서도록 하는 것이었다. 그러기 위해서는 조선과 만주를 장악해야 된다는 생각에 사로잡혀 있었다. 오래전부터 요시다 쇼인吉田松陰과 같은 인물이 주장해 온 바이다.

유신 이후에 조선 정벌에 대한 목소리가 다시 높

아진 것은 일본 사회의 구조적 변화에도 원인이 있었다. 유신 당시 사무라이는 전 인구의 6%에 달했는데, 이들이 신분제의 해체로 말미암아 과거 무사로서 가졌던 사회적 기능과 위신을 잃게 된 것이었다. 이들은 새 체제 내에서 정부 조직, 군대, 산업 활동, 농업 등 분야로 흡수되기도 하였으나 실업자가 되어 경제적인 어려움에 처한 이들도 많았다. 이들의 사회적 불만을 해외원정으로 해소할 수 있다고 주장하는 이들이 있었다. 사이고 다카모리西鄕隆盛, 오쿠보 도시미치大久保利通 같은 이들이었다.

한편 여러 서방 국가들이 일본이 나서서 조선과 수호조약을 맺으면 남하하는 러시아 세력을 견제할 수 있을 것으로 기대하여 일본의 한반도 진출을 바랐다.

일본은 1875년 운요호雲揚號를 앞세운 함대를 파견하여 조선을 위압하였다. 약 20년 전 흑선은 미국 대통령의 천황 앞 국서를 전달하며 일본이 생각할 수 있는 시간을 주고 떠났다. 이것이 일본 외교정책의 대 전환을 가져오는 계기가 되었다. 그러나 일본이 운요호를 파견한 것은 조선과 정상적인 외교관계를 열어갈 수 없게 되자[36] 무력으로 위압하며 교섭의 계기를 포착하기 위한 것이었다. 급기야 교전이 벌어져 일본 함대는 초지진 및 영종도 포대를 파괴한 후 영종도에 상륙하여 군기와 총탄 등을 약탈하고 철수하였다.

이 사건을 계기로 조선과 일본 간 외교교섭이 시작되어 1876년 2월 26일 한일수호조규가 체결되었다.[37] 그 첫째 조항에서 조선을 '자주국'이라고 선언하였는데, 이는 청의 한반도에 대한 특수한 지위를 인정하지 않겠다는 일본의 의도가 반영된 것이었다.[38] 약 20년 후 이 문제는 청일전쟁 발발의 원인이 된다. 한편 통상 문제에 대해서는 이미 일본인들이 상관 등을 유지하고 있던 부산 외에 2개의 항구를 일본과의 통상을 위해 개방하기로 하였다.

일본이 조선과 만주를 장악하기 위해서는 청과의 충돌이 불가피하였다. 청일전쟁은 일본의 세계관 속에 예고된 것이나 마찬가지였다. 동학운동이 확대되어 청과 일본이 조선 출병의 빌미를 잡게 되고, 이어 청일전쟁이 현실이 되었다. 일본의 전승은 몇 년 후 유럽의 강대국 영국과의 동등한 자격에서의 동맹조약1902년 7월으로 이어지게 된다. 영국은 청일전쟁 발발 직전 일본에서의 치외법권을 포기한 터였다.

영일동맹은 영국으로서는 동아시아에서 남하하는

러시아를 견제하기 위한 것이었고, 일본으로서는 러시아와 한판 승부가 불가피하다고 보고 영국을 자기 편에 붙잡아 두려고 추진한 것이었다. 급기야 남만주를 둘러싼 러시아와 일본의 각축은 러일전쟁을 불러왔다. 이 전쟁을 거쳐 일본은 결정적으로 세계 열강의 대열에 올라서게 된다.

루즈벨트 대통령의 중재로 이루어진 포츠머스 강화회담에서 승전국 일본은 조선에 대한 특수한 이해관계를 인정받고, 러시아가 갖고 있던 다롄大連반도에 대한 조차권과 창춘長春까지의 남만주철도를 양여받았다. 아울러 사할린의 남쪽 절반도 획득하였다. 1차 대전은 일본의 지위를 한층 더 올려놓았다. 전쟁 중 유럽의 경제가 어려운 상황에서 일본은 전쟁 특수를 누리며 경제가 비약적으로 성장하였다. 이 기간 중 해운, 조선업이 특히 확장되었다. 영국의 동맹국으로 1914년 참전한 일본은 승전국으로서 베르사유 강화회담에 참석하였으며, 독일이 동아시아-태평양 지역에서 보유했던 식민지를 물려받게 된다.

제국주의의 늪

일견 성공적으로 보이던 일본의 근대화와 국세 신장은 많은 문제를 안고 있었다. 경제 성장과 서양 의술의 도입으로 인구가 대폭 증가하였다. 식량과 원자재를 수입에 의존하는 구조가 되었다. 그리고 경제 전체에서 해외시장이 차지하는 비중이 높아갔다. 경제안보를 위해 해외 진출이 필요하게 된 것이다. 아울러 일본의 독립과 국제적 위상을 확보해야 한다는 사고는 군사력 증강을 동반하였다. 일본은 점차 제국주의적 각축의 심연으로 빠져들었다.

역사적 전환기에 처한 국가는 그 지도층의 구성과 역량, 그리고 이념적 성향에 따라 정책의 향방과 운명이 갈린다. 메이지 유신 초기의 일본 지도자들은 일본이 나아갈 방향에 대하여 대체로 같은 생각을 공유하였다. 일본이 근대화를 이루고 부국강병을 통하여 세계 열강의 대열에 선다는 목표를 세웠다. 서양의 지식과 기술을 흡수하고 서양의 제도를 이식함으로써 이 국가적 프로젝트를 완수할 수 있다고 생각하였다.

이들을 일본 근대화 제1 세대라고 한다면, 그 다음

세대의 주역들은 선배 세대보다 좀 더 분야별로 전문화된 성향을 띠게 된다. 군사에 종사하는 이들은 군사력의 중요성을 강조하고, 기업인들은 사업의 확장을 추구하고, 정당 지도자들은 의회의 역할이 커져가길 기대하였다.

그런데 일본의 헌법 자체에 군부가 실권을 장악할 수 있는 장치가 마련되어 있었다. 군 총사령관이 천황의 목소리를 빌려 국정을 장악할 수 있는 가능성이 열려 있었던 것이다. 해외에서 외교, 군사적 위기를 맞았을 때 군부의 입장은 더 강화되었다. 한반도 합병, 청일전쟁, 러일전쟁을 거쳐 외교적, 군사적 입지가 높아진 일본은 1930년대에 들어 군국주의를 밀고 나가며 공격적 해외 팽창 정책으로 일관하였다. 만주사변, 중일전쟁, 태평양전쟁으로 이어지는 15년간에 걸친 전쟁에 빠져들었다.

당시 일본은 국정 운영에 상당한 혼선이 빚어 졌다. 일본 정부의 대외적 공식 입장과 일본 군부의 입장, 그리고 해외 주둔 일본군의 현지에서의 움직임이 서로 모순된 경우가 비일비재하였다. 1931년 만주사변은 내각이 군부의 독재에 끌려가고, 군부도 강경한 주장을 내세우는 관동군의 행동을 억제하지 못하면

서 발발하였다.[39]

일본의 비극은 19세기 후반-20세기 초반에 걸쳐 세계 정치에서 일반화된 제국주의적 권력정치, 일본의 대국의식, 메이지 헌법에 담긴 군국주의의 장치, 그리고 일본 군부 지도자들의 오판 등의 요인으로 설명할 수 있다.

첫째, 당시 세계 정치를 좌지우지한 것은 구미 강대국들이었다. 이들의 산업화와 자본주의 경제의 성장은 식민지 개척을 위한 해외 진출로 이어졌다. 한정된 지구의 면적을 두고 벌어진 열강 간의 각축은 약육강식의 권력 정치의 민낯을 그대로 보여주었다. 일본은 초기에는 독립의 유지와 강대국과의 불평등 관계 해소를 목표로 삼았으나 차츰 열강의 대열에 올라서면서 자신도 권력 정치의 한가운데에 뛰어들었다.

둘째, 메이지 헌법에 군 총사령관이 천황의 목소리를 빌려 국정의 실권을 장악할 수 있는 여지를 마련한 것은 이 헌법을 기초하는 작업을 선두에서 지휘한 이가 조슈 번의 사무라이 출신인 이토 히로부미였다는 사실로도 일부 설명할 수 있다. 이토 히로부미뿐만 아니라 그와 함께 메이지 체제를 구축한 이들이 대부분 조슈 및 사쓰마 번의 사무라이 출신이었으며, 이들의 의식과 사고 속에 무력이 정치의 핵심이라는 명제가 있었다. 국가가 위기에 처하게 되면 이 명제가 더욱 힘을 발휘할 것이었다.

셋째, 1930년 대 일본 군부는 거듭하여 무리한 정책을 밀고 나갔다. 1931년 발발한 만주사변에서 승리한 듯하였으나 일본이 여기서 얻은 것은 일본이 보유할 수 있는 재산과 같은 것은 아니었다. 1937년부터 번진 중일전쟁은 이제 다시 깨어난 거대 중국을 적으로 한 이길 수 없는 전쟁이었다. 1941년의 진주만 공격은 도박과 같은 것이었다. 여기서 일시적으로 얻을 전략적 우위에 의지하여 미국과의 전쟁을 유리하게 끝낼 수도 있을 것이라는 실낱 같은 희망으로 일본 전체를 비극으로 몰아넣었다.

메이지 헌법 전문에 천황 중심적 민족주의를 선포하고 있다. 이 민족주의는 일본의 세계관이었으며, 일본의 군국주의를 가능하게 하였고, 일본 군부의 독재와 오판을 낳았다.

7장 전후체제와 국수적 민족주의

아베 총리의 야스쿠니 신사 참배

일본은 2차 대전 후 '평화헌법'을 채택하였다. 일본 '전후체제'의 성격을 규정한 헌법이었다. 이 속에 국가정책의 수단으로 무력을 사용하지 않는다는 약속을 담았다. 경제발전을 위해 매진하되 세계 정치에서 정치, 군사적인 역할을 주장하지 않는 일본의 이미지가 세계인들의 마음에 각인되었었다. 그런데 일본이 변하고 있다. 내부에 잠복해 있었던 민족적 자부심이 다시 일어나고 이것이 대외정책에 영향을 준다. 특히 중국의 변한 모습에 대해 대응하지 않을 수 없다.

2012년 9월 총선을 앞두고 아베 신조安倍晋三 자민당 대표는 자민당이 집권하면 고노 담화, 미야자와 담화, 무라야마 담화 등 일본의 식민 지배와 전쟁 행위에 대한 사죄를 담은 '역사 반성 3대 담화'를 재검토하겠다고 하였다. 선거에 이겨 총리직에 다시 돌아온 아베는 2013년 12월 야스쿠니靖國 신사를 참배하였으며 과거 총리 재임시에2006년 9월-2007년 9월 참배하지 못한 것이 한스럽다고 하였다. 그의 이와 같은 행보는 국내외의 비난을 불러오고, 이듬해 봄과 가을에는 이런 반대 여론을 의식한 듯 직접 참배는 하지 않고 공물을 보내는 것으로 대신하였다.

야스쿠니 신사는 여느 국립묘지와는 다르다. 첫째, 천왕을 받들어 전쟁에서 희생된 이들의 영령을 합사한 곳인데 천왕이 추구한 목적이 무엇이든지 문제가 되지 않는다. 전체주의적 사고가 여기 스며들어 있다.

둘째, 이곳에 이름이 올라있는 이들은 대부분 일본의 제국주의 전쟁에서 희생되었다. 이 신사는 메이지 유신 이듬해1869년에 건설하였으며, 유신을 둘러싸고 벌어진 내전에서 천왕의 편에서, 즉 유신 지지 세력의 편에서 싸우다가 희생된 이들이 처음 여기 영령명부에 올랐다. 이후 청일전쟁 후의 대만 점령1895년, 러일전쟁1905년, 한반도 합병1910년, 만주국 건설1931년, 동중국해 연안 점령1937년, 동남아지역 점령1941년 등 일본의 제국주의적 팽창이 계속되면서 이 신사의 영령명부에 오른 이름도 증가하였다. 현재 2,466,532위가 합사되어 있다.

셋째, 1978년 14인의 2차 대전 전범을 합사하였다. 종전 후 도쿄 전범재판에서 일본을 침략전쟁으로 이끈 죄로 판결 받고 처형되거나 옥사한 이들이었다. 이들 중에 전시 총리였던 도조 히데키 장군도 포함돼 있었다. 시초에는 국가통합의 상징이었던 야스쿠니가 국수적 군국주의의 과거를 기리는 의미가 더해지면서 보수 우익의 성지가 되었다.[40] 이런 배경에서 아베 총리의 야스쿠니 신사 참배가 국내외의 비판을 불러온 것이었다.

평화헌법 개정 문제

2014년 12월 다시 치른 총선에서 압승한 아베 총리는 자신이 정치에 입문한 목적이자 사명은 '전후 체제의 탈피'라고 하였다. 2차 대전 종전 후 미국 점령군 맥아더 사령부의 정책에 따라 제정된 소위 '평화헌법'을 수정하겠다는 뜻을 숨기지 않았다. 이 헌법 제9조는 특별한 내용을 담고 있다. 국가 정책의 수단으로 무력을 사용하지 않는다는 약속이었다. 군사력은 순수한 방위의 목적으로 제한된 규모로 유지한다는 취지였다. 그래서 일본의 전후 헌법이 '평화헌법'이라는 별명을 얻게 되었으며 지금도 일본군을 자위대Self Defence Forces라고 부른다.

그런데 이 헌법을 개정하겠다는 것이다. 아베 총리는 "헌법 자체가 점령군에 의해 만들어졌으며, 개헌은 자민당의 원점"이라는 말을 되풀이하였다. 이와 같은 견해가 그리 새로운 것은 아니다. 아베 총리의 외조부로서 전후 초기에 총리를 지낸 기시 노부스케安信介도 1971년에 이미 헌법 개정에 자신의 정치생명을 걸었다고 발언한 일이 있다. 훗날 총리가 되는 나카소네 야스히로中曾根康弘 의원은 종전 후 30년

이 되는 1975년이 개헌을 이룰 적당한 시기라고 하였다. 그는 외국이 주도하여 만든 일본의 현 헌법은 현실에 맞지 않는다는 생각이었다.[41]

헌법을 개정하는 일에는 여러 절차적 난관이 있다. 그런데 일본의 군사력을 해외에 파견할 수 있도록 하는 장치를 다른 방법으로 마련하였다. 2015년 9월 안보법이 개정되었다. 집단 안보의 필요에 따라서 일본군의 해외 파견도 가능하게 되었다.

안보법을 개정하는 데 특히 중국의 변화한 자세가 자극제가 되었다. 중국이 동중국해와 남중국해에서 현존하는 해양법 질서를 무시하며 위압적 수단으로 현상을 변경하려는 움직임을 보이고 있어 장래 항행의 자유와 동남아시아의 안정에 위협이 될 수 있다. 일본은 미·일 동맹을 강화하면서 막강한 경제력과 고도화된 군사력을 바탕으로 동아시아 국제정치에서 자국의 역할을 점차 늘려나갈 것으로 보인다.

역사 미화

물량적인 측면에서는, 즉 경제력과 군사력을 사용

하는 데는 일본의 국제적인 역할이 증대될 것으로 예상된다. 그러나 아시아 다른 국가들에 투사되는 일본의 이미지가 일본의 이러한 정책을 잘 뒷받침할 수 있을지는 의문이다. 아베 수상의 야스쿠니 신사 참배가 특히 한국과 중국에서 부정적인 반향을 불러왔다. 일본이 자국의 역사를 긍정적으로 재해석하는 일은 오래 동안 계속돼 왔으나, 이것이 역사를 미화하는 방향으로 흘러 이웃 나라와의 관계를 발전시키는 데 장애 요인으로 작용할 소지가 나타나고 있다.

일본의 수정된 역사 서술 방식에서는 일본이 아시아에서 어느 나라보다 먼저 입헌 정부를 수립하였으며, 1905년 러시아와의 전쟁에서 승리하여 아시아·아프리카에서 식민통치에 시달리고 있는 민족들에게 희망을 주었다고 한다. 더 나아가 일본은 침략자가 아니라 아시아 해방의 기수였다고 한다. 그러면서 일본이 그 이후 전쟁의 길로 잘못 들어선 것은 세계 경제 대공황과 미국과 유럽 국가들의 보호무역주의 때문이었다고 변호한다.

그리고 일본의 물량적 성취를 선전하는 데 몰두하여 인도주의적 배려에는 소홀한 모습을 보인다. 근년에 일본의 군함도를 UNESCO 문화유산으로 등재하는 과정에서 일본의 산업화를 부각시키는 일에 주력한 나머지 그 과정에서의 무리한 정책과 특히 한반도에서 강제 동원된 노동자들에 대한 비인도적인 행태를 애써 덮어두려 하였다. 일본 정부의 이와 같은 처사는 한국의 비난을 초래하였을 뿐만 아니라 일본인들의 양심을 괴롭히는 일이기도 하다.

적극적 평화 외교와 중국

일본이 '평화헌법'이 있다고 해서 군사력이 약한 것은 아니다. 1970년대 중반에 이르러 일본은 세계 제2의 경제 대국이 되었으며, 이 경제력을 바탕으로 군사적으로도 다시 대국이 되었다. 일반인들에게 많이 알려지진 않았으나 일본의 방위비 지출 규모는 1999년의 경우 세계 제2위였으며 그 이후로도 세계 5위권 안에 들었다.[42]

외교적으로도 국제적 비중을 높여왔다. 일본이 UN에 내는 기여금 규모는 미국에 이어 세계 두 번째이며 다양한 국제기구 활동에서 일본인들이 두각을 나타내고 있다.

이제 중국이 동중국해와 남중국해에서 공격적 자세를 취하고 있는 마당에 아베 총리는 '적극적 평화외교'라는 정책구호 아래 중국을 견제하고자 한다. 사실 일본은 2차 대전 이후에도 항상 대국의 견지에서 아시아 외교에 임해왔다. 일본 외교는 특히 동남아 지역을 대상으로 적극적이었다.

후쿠다 다케오福田赳夫 수상은 1977년 동남아 6개국을 순방하는 기회에 일본의 이 지역 외교에 관한 정책 기조를 공식화하였다. 첫째 일본은 다시 군사대국이 되지 않을 것이며 평화국가로서 이 지역의 평화와 번영에 기여할 것이며, 둘째 일본은 동남아 국가들과 서로 마음을 열고 정치, 경제, 사회, 문화 등 전 분야에서 협력 관계를 발전시켜 나가도록 할 것이며, 셋째 일본과 아세안ASEAN이 동등한 동반자로서 인도차이나 국가들과 유대를 강화해 나갈 것이라고 하였다. 이 세 가지 원칙을 후쿠다 독트린Fukuda Doctrine이라고 부른다.[43]

이 정책기조의 첫 부분에 일본이 군사대국이 되지 않을 것이라고 천명한 것은 일본이 이 지역에서 제국주의 전쟁을 벌인 과거를 의식하여서였다. 일본의 막강해진 경제력을 바탕으로 다시 군사적으로 일어설지 모른다는 염려를 불식시키기 위한 것이었다. 마지막 부분에 ASEAN 국가들과 인도차이나 국가들과의 관계 개선을 위해 일본이 기여하겠다고 한 것은 특히 베트남과의 관계 발전을 염두에 둔 것이었다. 일본의 이와 같은 외교적 노력은 이 지역에 대한 적극적 무역 및 투자 정책과 병행하였다.

오랜 세월에 걸쳐 일본과 동남아 국가들 간의 통상 및 경제협력 관계가 심화되었다. 이와 더불어 남중국해 및 필리핀, 베트남, 인도네시아, 말레이시아, 브루네이 등 연안국들은 일본의 경제를 위해 매우 중요하다. 일본은 이 지역으로부터 많은 어족 자원을 수입하고 있으며, 이 지역 해상 및 육상의 석유, 가스 개발 사업에 상당한 지분을 갖고 있다. 아울러 이 지역은 일본에게 에너지 부문 하이테크 서비스 산업의 중요한 시장이다. 또한 일본이 수입하는 석유의 85~90%와 LNG의 33%가 남중국해의 해로를 통과한다.

일본과 서방 국가의 석유 회사들이 이미 개발하고 있는 해상 유전 여러 곳이 중국이 권리를 주장하는 해역 안에 있다. 그런데 다른 연안국들이 현존 해양법의 기준에 따라 마땅히 권리를 주장할 수 있는 배타적 경제수역Exclusive Economic Zone 혹은 대륙붕을 중국이 인정하지 않으려 한다. 중국은 남중국해 지도에 10개의 대시 선dash-line을 그려 넣고 이 선 안의 해역에 대하여 권리를 주장하고 있다.

그 주장의 근거도 모호하고, 또 주장하는 권리의 정치적 성격도 명확하지 않다. 중국은 이곳이 역사적으로 중국의 해역이라고 하지만, 그 역사적 근거를 제시하지 않으며, 이 해역을 영해 혹은 배타적 경제수역으로 주장하는 것인지, 아니면 이 해역에 대한 어업권을 주장하는 것인지 분명하지 않다. 그리고 중국이 이 지역에서 궁극적으로 달성하고자 하는 목표가 무엇인지도 밝힌 일이 없다.

그러나 분명한 사실은 중국이 이곳에서 물리력을 행사하여 자국의 세력을 펴 나가려 한다는 것이다. 중국이 스프래틀리 군도Spratly Islands 여러 곳에서 진행하고 있는 인공섬 및 부대시설 건설에 대하여 헤이그 국제중재재판소에서 나온 판결의 내용은 앞에서 보았다.

그런데 중국이 이곳에 군사 기지를 건설하고 영토권을 행사하려 한다면 어떻게 하겠는가? 이 인공섬들을 기지로 삼아 어로 활동을 벌이며 관광사업을 개발하고, 나아가 방공 식별 구역Air Defence Identification Zone을 선포하지는 않을까? 중국이 군사력을 증강하면서 장래 어느 시기에 이 해역에서 다른 나라의 항행의 자유Freedom of Navigation를 위협한다면?[44]

상황은 매우 유동적이고 앞날을 예측하기 어렵다. 중국의 행동에 대하여 남중국해 연안국들이 대처하는 모습도 다양하다. 이 같은 상황에서 일본은 '적극적 평화 외교'의 구호 아래 전통적인 후쿠다 독트린을 보강하고 있다.

2011년까지 약 50년 간 일본 정부의 유, 무상 및 기술 원조를 포함하는 해외 개발 원조Official Development Assistance, ODA의 35%가 ASEAN 국가들을 대상으로 하였다. 베트남, 필리핀, 말레이시아 및 인도네시아의 최대 원조 공여국이다.

이제 남중국해의 긴장 상황을 의식한 일본은 ODA 정책에서 안보 협력을 중시하고 있다. 2015년 2월 일본 정부는 '개발협력헌장'을 개정하여 "평화, 안정 및 번영에 적극적으로 기여"하도록 한다고 하였다. 2016년 발간된 ODA 백서에는 "법치rule of law, 해양 안보, 사이버 안보, 평화 구축"등을 해외 원조 정책 목표로 추가하였다.

구체적으로 일본 정부는 ASEAN 국가들의 국방부 및 외교부 관리들의 해양 안보에 관한 역량을 증진할 목적으로 세미나를 개최한다. 이 같은 세미나에서 일본의 새로운 안보 관련 법제, ASEAN 국가들에 대한 해양 안보 원조, 그리고 해양 안보 관련 군사 기술 등을 다룬다. 그리고 ODA를 남중국해 연안국들의 해안 경비 강화를 위한 훈련 프로그램, 해안경비정과 훈련용 항공기 등 군사 장비와 기술의 이전 등에도 사용하고 있다.[45]

국수적 민족주의의 문제

지금까지의 논의를 종합하여 현대 일본 민족주의의 문제를 다음과 같이 요약할 수 있다.

(1) 근대 일본의 민족주의는 메이지 유신을 주도한 정치 엘리트에 의해 형성, 배양되었다. 메이지 헌법은 천황을 중심으로 하는 역사, 문화, 정치공동체의 존재를 전제하였으며, 국가와 천황에 대한 충성심은 일본의 국민성에서 나오는 자연스러운

것이라고 하였다.

천황은 머리이고 국민은 사지로서 일체가 되어 일본을 이룬다.[46] 국가에 대한 충성은 모든 국민들, 군인들이 지켜야 할 절대적인 가치였다. 전쟁을 지휘하는 사령관도, 전장에 나가서 싸우는 군인들도 천황과 불가분의 관계였다.

이와 같은 국가윤리 개념에서는 천황, 전범, 일반 군인을 구분하여 누구의 잘잘못을 논하기가 어렵다. 그래서 전쟁 중에 어느 지휘관 혹은 군인들의 무슨 잘못이 있었다는 것을 인정하기 어렵게 된다. 그런 잘못이 있었다면 이는 곧 천황의 오류로 귀착될 것이기 때문이다.

전쟁이 끝난 후에도 천황을 중심으로 하는 일본의 국가정체성을 유지해야 하기에 역사 수정, 역사 미화의 작업이 진행되었다. 일본 민족주의는 국가 · 사회의 역사적 특성과 일체성, 그리고 그 속에서 자란 일본 국민의 우월성을 전제로 하였다.

이는 체면을 중시하는 일본 문화와 연관되며 일본이 한국, 중국에 대한 역사적 과오를 인정하는데 인색한 모습을 보이는 배경이다. 명백한 과오의 기록과 체면을 유지해야 하는 풍습 사이에서 일본인들의 양심이 고민에 빠진다. 그래서 완곡한 표현으로 솔직한 사과에 대신하고자 한다.

(2) 메이지 유신은 정치제도의 면에서는 유럽의 입헌군주제를 모델로 삼아 의회, 내각, 사법제도 등을 도입하였다. 그러나 국가 · 사회를 하나로 묶는 윤리의 차원에서는 전통주의와 전체주의에 자유민주주의 제도의 접목을 시도한 것으로 볼 수 있다. 그러나 실제 권력구조에 있어서는 군국주의가 발호할 수 있는 장치가 있었다.

(3) 일본 정치 엘리트는 일본이 대국大國이라는 의식을 공유하였다. 이 의식은 역사적 유래가 있다. 일본은 중국이 동아시아에서 중화의 지위를 누리는 질서 체계를 불변의 것으로 인정하지 않았다. 임진왜란은 명明을 중화로 하는 동아시아 질서에 일본이 도전한 것이었다.

이와 같이 일본이 자국의 세계 속의 위치를 비교적 독자적으로 설정한 것이 19세기에 들어 세계정세를 신속히 파악하고 근대화의 길로 나설 수 있었던 바탕이 되었다.

(4) 메이지 유신 이후 부국강병의 정책이 성과를 거두어 나가자 일본의 대국 민족주의는 제국주의의 모습으로 나타났다. 일본인이 우월하며 일본이 대국으로서 우뚝 설 수 있다는 의식이 1930년대~1940년대 초의 세계질서의 혼돈 속에 일본을 군국주의로 나가게 하였다.

군국주의는 세계정세에 대한 판단을 흐리게 하였다. 대동아공영권의 구상은 동아시아 정치 · 사회의 실체를 파악하지 못하고 부분적 군사적 성취에 도취되어 나온 것이었다.[47]

(5) 2차 대전 종전과 더불어 미군이 일본을 점령하였다. 일본이 외국군에 점령당한 역사상 초유의 경험이었다. 새로 채택한 헌법은 미국의 정치적 이상을 일본 토양에 이식하고자 한 것이었다. 전쟁을 국가정책의 수단으로 삼지 않겠다고 선언하였으며, 실제 군부는 정치적 영향력을 잃었다.

제도적으로 민주주의, 사상적으로 자유주의가 주류가 되었다. 의회의 정치적 비중이 높아지고 언론의 자유가 보장되었다. 일본 정치와 사회가 2차 대전 후의 세계질서 속에 적응해 나가는 가운데 일본 민족주의는 잠복하였다.

(6) 장기간 잠복하였던 일본 민족주의는 아베 수상이 집권하면서 수면위로 떠오르고 있다. 그런데 아베 총리의 발언과 행보에 미래의 일본 민족주의가 던질 수 있는 다음과 같은 문제가 도사리고 있다.

① 아베 총리는 야스쿠니 신사 참배에 상당한 정치적 의미를 부여한다. 천황에 대한 충성심을 일본인의 애국심과 동일시하며, 한편 전몰자의 영령을 기리는 토속신앙적 의식에 총리가 참여함으로써 일본의 국가중심적 민족주의의 부활을 도모하는 듯하다.

② 평화헌법을 개정하여 '전후 체제'에서 탈피해야 한다고 주장한다. 이는 전후에 일본이 이룬 민주화와 탈 군국주의 등의 긍정적인 변화를 부정하는 듯한 인상을 준다.

③ 아베 수상이 집권하기 전부터 일본 사회에 널리 퍼진 역사수정주의가 빠질 수 있는 함정이

있다. 한 나라의 역사기술과 민족주의는 불가분의 관계에 있다. 일본민족의 우월성과 일본사회의 고유성에 대한 의식이 일본의 역사를 다시 쓰는 작업에 깊이 작용하고 있다.

④ 아베 수상의 '일본 다시 세우기' 작업은 중국의 부상에 대한 대응이기도 하다. 구체적으로는 일본의 '적극적 평화 외교'는 중국의 남중국해에서의 일방적 대국주의를 견제하는 의미가 있다. 이와 같은 외교 노력의 과정에 국수적 민족주의 의식은 장애가 될 수 있다.

제3부
한국 민족주의와 통일문제

8장 한국 민족주의의 발자취

저항민족주의

한반도에서 근대적 민족주의 사상과 운동이 전개된 것은 일본의 제국주의적 팽창이 민족의 존립을 위협했을 때였다. 한일의정서1904 이후 본색을 드러낸 일본 식민정책의 무단적 실상은 충격적이었다. 폭력과 위압을 일상화한 일본의 행태는 유교적 민본주의의 정치문화가 의식과 생활에 배어 있던 조선 사회의 저항을 받을 수밖에 없었다.[48]

신규식申圭植은 망국을 통탄하며 민족혼을 강조하

였다. "우리 대한이 망하였다 하더라도, 우리들의 마음 속에는 스스로 하나의 대한이 있는 것이니… 사람들의 마음이 죽지 않았다면, 혼은 아직 돌아올 날이 있을 것이다"라고 하며 선조의 가르침과 국사國史를 잊지 말자고 하였다. 문화, 역사 공동체로서의 대한의 정체성을 찾자고 부르짖었다.[49]

신채호申采浩는 『조선상고사』의 서두에 "역사란 인류사회의 아我와 비아非我의 투쟁의 기록"이라고 하며 자신이 역사를 쓰는 이유는 민족사의 본체를 찾아 나서기 위한 것이라고 하였다. 기존의 역사 인식 중 많은 부분이 중국의 역사 기술에 의존한 나머지 우리 선조의 진정한 정신과 활동이 우리에게 알려지지 않았다고 지적한다.[50] 일본의 식민정책이 조선의 국체와 민족문화의 말살을 기도하는 극한 상황에서 조선은 극렬한 저항에 나서지 않을 수 없었으며 '역사 되찾기'는 그 불가분의 일부였다.

한편 서구의 민권사상이 조선 지식인들의 새로운 정신세계 형성에 영향을 미쳤다. 독립협회가 조선왕조의 역사를 넘어 서구의 모델을 본뜬 시민민주주의 제도를 도입하자고 주장한 것은 왕조 말기의 양반·중인층 일부에서 관념한 한반도의 미래상을 반영하였다.

당시 조선 사회에서는 서구 자유주의 체제가 태동할 수 있는 사회적 여건이 마련되지 않았다. 자본주의 체제가 자리 잡지도 않았고 중산층도 형성되지 않았다. 경제 · 사회적 여건이 마련되지 않은 가운데도 그 정치적 결과물인 시민민주주의 체제의 부분적 도입을 꿈꾼 것은 상당히 관념적이긴 하였으나 서구의 문물을 접하는 동아시아 지식인들의 공통된 경향이기도 하였다.

일제강점기의 독립운동이 주로 중산층, 특히 종교인, 학생, 문화계 인사들에 의해 지도되었던 것은 식민지 민족주의 운동의 일반적인 양상과 일치한다. 기미년 3 · 1 운동의 중앙과 지방의 지도자들 중에 종교인, 학생들이 많았는데, 종교인들 중에는 기독교와 천도교 교인들이 다수였다.

만세운동의 중기 이후에는 서민 대중의 자율적인 일본군 습격 등 격렬한 투쟁이 있었다. 이 시대 독립운동가들은 항쟁, 투쟁의 표상表象이었다. 최익현崔益鉉과 의병, 이준李儁 열사, 안중근安重根 의사, 윤봉길尹奉吉 의사, 33인과 유관순柳寬順, 독립군, 의열단과 그 외의 수많은 투사들이 저항민족주의의 얼을 대변한다. 그리고 상해 임시 정부를 비롯하여 중국, 러시아, 미국 등지에서 활동한 독립운동단체, 국민회, 흥사단 등도 민족정신의 맥을 같이하였다.[51]

분단과 이념적 대치

해방 후 한반도는 대전 후 세계 정치의 구도 안에서 분단의 비극을 맞았다. 종전을 한 달 앞두고 열린 포츠담회담에서 미국과 소련은 전후 한반도의 분할 점령에 대한 양해에 도달하였다. 이제 초강대국으로 부상하는 두 나라가 세계 판도를 재편하는 과정에서 생긴 일이다.

한반도의 미래와 관련된 워싱턴과 모스크바의 기본 정책은 어느 쪽도 다른 쪽이 한반도 전체에 압도적인 영향력을 행사하는 것은 허용하지 않는다는 것이었다. 점차 38선 이남, 이북에 두 개의 이질적인 정치체제가 모습을 드러내게 된다. 소련 당국과 김일성은 확고한 전략으로 이북의 공산화를 추진하였다. 이에 따라 이남 쪽도 단독 정부 수립을 미룰 수 없게 되었다. 1948년 5월 이후 한반도의 분단은 사실로 굳

어갔다.

민족의 분단이 현실이 되었으나 이의 영구화는 도덕적으로 받아들일 수 없는 것이었다. 따라서 남·북한 정부의 자기 존재의 정통성에 대한 논리는 통일에 대한 전망으로 뒷받침돼야 했다. 현재의 분단 상황은 과도적인 것으로 설정되어야 하며 미래의 통일은 당위이기 때문이다.

북한 정권은 한반도 전역의 공산화를 정권의 존재 이유로 내걸었다. 이 상황에서 한국 정부가 반공反共을 국시로 삼은 것은 당연하였다. 이는 한편 세계적 범위에서 미국이 주도하는 자유 진영이 소련의 군사, 정치적인 세력 확장을 '봉쇄containment'한 정책과 궤를 같이 하였다. 6·25 전쟁 후에는 반공이 신조信條가 되지 않을 수 없었다. 남침 전쟁은 북한 정권의 혁명 전략의 연장선상에서, 그리고 당시 소련을 필두로 한 공산 진영의 세계정책의 일환으로 감행되었다.

근대화론과 민족주의

신생국 대한민국은 여러 과제를 안고 있었다. 수

입된 민주주의 제도를 어떻게 한국에 정착시킬 수 있을 것인가? 자본주의 체제는 어떻게 한국 경제와 사회를 일으켜 세울 수 있을 것인가? 이와 같은 문제에 대한 총체적 해답으로 나온 것이 근대화론이었다. 박정희朴正熙 정부가 근대화를 이루어 민족의 미래를 개척해 나간다는 정책을 공식화하였다.

그리고 이 근대화론과 통일을 염원하는 민족주의를 결합하였다. 국가의 근대화가 민족 통일을 위한 전제 조건이며, 근대화는 경제의 자립을 통하여 이루어질 수 있으므로, 산업화를 통한 경제 발전의 추구가 통일을 향한 길이라는 논리 구도를 제시하였다.

통일 문제는 지금 당장 해결할 수 있는 것이 아니며, 장래의 주변 여건과 이 여건에 대처할 수 있는 나라의 역량에 따라 그 방향이 좌우될 것이라는 현실 인식에 바탕을 두었다. 실현할 수 없는 북진통일의 구호를 버리고, 국제정치의 현실의 받아들이면서, 자체의 역량을 축적에 나가자는 정책이었다.

이와 같은 정책은 미국 등 선진 자유주의 국가들이 한국과 같은 개발도상국에 원조를 제공하면서 원조 대상국이 산업화와 경제 발전을 이루고 이와 더불어 정치 민주화가 이루어지는 것을 기대한 것과 맥을 같이 한다.[52] 박정희 정부는 서방에서 통용되던 '근대화'의 개념을 '조국 근대화'라는 구호로써 한국화하면서 강한 민족주의적 함의를 실었다.

그런데 정부가 주도하여 야심찬 산업화와 빠른 경제성장을 추구하면서 강력한 행정력이 동원될 수밖에 없었다. 그러는 동안 정치 민주화는 뒷전으로 밀려나는 형세가 되었다. '개발독재'라는 말이 출현하였다. 근대화를 추구하는 가운데 일반적으로 서구 사회에서 기대하던 근대화의 방향에는 상당 기간 역행하는 사태가 나타났다.

남북한 관계와 민족 개념

1960년대 후반에 이르러 자유주의 · 공산주의 양 진영 간 냉전 체제에 해빙의 기운이 돌기 시작하였다. 닉슨 대통령 후보가 베트남전을 종식시키겠다는 공약으로 당선된 이후 미국이 중국과 관계를 정상화하고 소련과 경제협력, 문화교류를 도모하는 정책을 펴게 된다. 이와 같은 국제 여건의 변화는 한국의 대북정책에도 변화를 가져왔다.

박정희 대통령은 1970년 8월 15일 광복절 경축사에서 북한이 UN의 권능을 인정한다면 UN의 한반도 문제 토의에 참여하는 것을 반대하지 않는다는 입장을 밝혔다. 남북한 관계에 대해서도 '긴장완화'와 '평화공존'의 개념을 도입하여 논의하였다.

이와 같은 맥락에서 남북 당국 간의 접촉이 이루어져 1972년 7 · 4 공동성명이 나오게 된다. 공동성명 첫 부분에 조국 통일을 자주적, 평화적 방법으로 이루어 나갈 것이며, 사상과 이념, 제도의 차이를 초월하여 민족적 대단결을 도모한다고 선언하였다. 민족주의적 정감에 호소하는 표현이었으나, 남 · 북한 정부의 실제 정책이 크게 달라진 것은 아니었다.

남측은 당시 안보질서의 틀을 유지하면서 경제, 문화, 인도적인 분야에서 점진적으로 남 · 북 관계를 개선해 나갈 수 있는 가능성을 모색하고자 하였다. 이에 비해 북측은 그 본래의 '통일전선' 전략을 펼 수 있는 기회로 새로이 조성된 여건을 활용하고자 했다. 이와 같은 면은 이후 열린 남북조절위원회 회의에서 드러나게 된다. 계속된 회의에서 북측은 공동성명에서 '민족적 대단결"을 도모할 것이라고 선언한 것을 미군 철수, 반공법과 국가보안법의 폐지를 주장하기 위한 논거로 이용하였다.

'민족'의 개념은 남북한 정부의 정책에 명분을 부여하는 기능이 있었다. 전두환全斗煥 정부는 1982년 1월 '민족화합 민주통일 방안'을 내놓았다. 통일은 민족자결의 원칙에 따라 민주적 절차와 평화적 방법으로 이루어야 한다고 하며, 통일헌법의 제정에서부터 남북 총선거를 통한 통일 민주 공화국의 수립에 이르는 시나리오를 제시하였다.

한반도가 겪어온 정치 현실로 보아 북측이 이와 같은 안을 받아들일 리 없다는 것은 자명하였다. 북측의 부정적인 반응에도 불구하고 이와 같은 새 통일방안 제시에 따른 후속 조치로서 2월 초에는 '20개 시범 실천 사업'을 제의하였다. 남·북한 간의 교통 통신망의 재건, 자원의 공동 개발, 통상과 기술협력 등의 항목을 포함하여 거시적의 남북 협력의 상상도를 그려놓은 것이었다.

이와 같은 제의는 통일이라는 당위적 목표를 두고 민족주의적 정감을 불러일으키며 북측의 '통일전선' 논리를 제압하는 의미가 있었다. 새 통일방안이 남북협상의 시발점이 되지 못하였다 하더라도 그것이 국내정치적인 차원에서나 외교적 차원에서 의미가 없지 않았다. 어느 정부가 설득력 있는 통일 과정의 논리를 제시하는가는 정권의 존재 이유와 관련된 문제였기 때문이다.

냉전이 해체되는 가운데 남측의 적극적인 정책으로 남·북 정부 간 관계에 진전이 있었다. 긴 준비 과정을 거쳐 1990년 9월부터 1991년 12월까지 계속된 남·북 총리 회담에서 「남북 사이의 화해와 불가침 및 교류 협력에 관한 합의서」이하 '남북기본합의서'가 나왔다. 이 합의서는 서두에서부터 '민족'을 강조하였다. 민족적 화해를 이룩하기 위해 노력할 것이며, 남북관계가 "나라와 나라 사이의 관계가 아닌 통일을 지향하는 과정에서 잠정적으로 형성되는 특수 관계"라고 하였다.

단일 민족이 분단국가로서 존재하는 현실을 설명한 것이었다. 그리고 국제무대에서 대결과 경쟁을 중지하고 민족의 존엄과 이익을 위해 공동 노력할 것이라 하였다. 민족 경제의 균형적인 발전과 민족 전체의 복리 향상을 위하여 자원의 공동 개발, 물자 교류, 합작 투자 등을 추진할 것이라 하였다.

이 합의서를 만들어낸 남·북 총리회담이 열린 기간은 독일의 통일이 이루어진 기간이었다. 베를린 장

벽이 무너진 이후 독일의 통일이 공식화되는 1991년 10월까지의 기간과 거의 일치한다. 냉전의 종식이라는 국제정치의 대변동에 남·북한이 적응해 나가는 과정에서 이 합의서가 나왔다. 정치적 적응의 의미가 그만큼 컸던 만큼 합의서에 실린 민족주의의 의미는 남측과 북측에 각기 달랐다.

당시 한국 정부 당국자들에게 북한 체제의 변환은 세계정세의 추이로 보아 불가피한 것으로 보였다. 소련의 해체, 중국의 개혁·개방, 동유럽의 자유화 등으로 나타난 현대사의 대세를 북한이 거스를 수 없을 것으로 전망하였다. 산업화, 근대화를 추구한 한국의 민족주의가 통일을 향한 동력이었음을 확인하는 일은 시간 문제일 것으로 보았다.

'남북기본합의서'가 나오기까지의 총리급 회담 과정에서도 남측은 북한 당국이 개혁·개방 정책으로 나가야 할 것이며, 민족 화해를 실현하기 위하여 북한 주민에게 자유와 인권이 보장되어야 한다고 주장하였다.[53] 이 무렵 남측 당국자들은 동 유럽에서 일어난 변화에 유추하여 북한의 미래를 그리는 낙관론에 빠져 있었다. 반면 북한 정권 당국자들은 체제의 생존을 도모하기 위하여 전혀 다른 생각을 하고 있었다.

9장 북한 핵 문제

북한 핵 문제의 이념적 저변

김정일金正日은 1989년 12월 노동당 중앙위원회에서 행한 연설에서 '조선민족제일주의'와 '우리식 사회주의'를 내걸었다. 북한 인민의 "세계에서 가장 우월한 사회주의제도에서 사는 긍지와 자부심"이 '조선민족제일주의정신'이라고 하였다. '우리식 사회주의'란 한마디로 김일성金日成을 신격화한 주체사상으로 유지되는 북한 체제이다. "당과 수령의 영도 밑에 주체사상을 구현하여 ..... 사회주의의 모범을 창조"하였으며, 이에 대하여 북한 인민이 "남다른 애착을 가진다"고 하였다.

이어서 "조선 민족의 영예를 높이 떨쳐야 한다는 민족적 사명감을 깊이 자각하고 조국 통일을 위하여 몸과 마음을 다 바쳐야 할 것"이라고 하였다. 중국, 구소련과 동유럽에서 일어나고 있는 변화를 차단하며 김일성을 정점으로 한 영구 독재 체제를 다지기 위하여 민족 개념을 부각시켰다. '조국 통일'을 궁극적인 목표로 제시한 것은 북한의 전통적인 '통일전선' 논리를 재확인한 것이었다.

이 연설을 기점으로 동유럽의 변화가 북한으로 전이되는 것을 방지하는 작업이 계속되었다. 김정일은 기회 있을 때마다 경제적 성과보다는 김일성유일사상과 주체사상 교육을 더욱 중시할 것이라고 하였다. 동유럽에서는 사회주의 근본원칙을 고수하지 못했다고 비판하였다. 중앙집중식 경제체제, 집단주의, 공산당 독재 등의 원칙을 지키지 못하고 개혁 · 개방의 이름 아래 다원주의적 요소를 불러들여 사회주의 체제의 속성을 스스로 상실했다고 진단하였다.

그리고 체제 내부의 권력 엘리트와 지식인들에 대해 경고하였다. 동유럽 지식인들이 "반혁명 세력과 결탁"하여 "제국주의의 사상 · 문화적 침투"를 도운 결과 사회주의가 "부식작용"을 일으켰다고 하였다. 이 같은 사태가 북한에 번지지 않도록 하기 위해서는 "지식인에 대한 당적 지도를 강화해야 한다"고 강조하였다.

김일성유일사상을 중심으로 하는 주체사상 체계에 '조선민족제일주의'와 '우리식 사회주의'의 요소를 더하여 북한 독재 체제 유지를 위한 이념 체계를 더욱 강화하고자 하였다. 이와 같은 체제 단속을 위한 이념 강화 작업은 민족주의와 통일전선전략을 배합하는 양태로도 나타났다. 1993년 4월 최고인민회의는 김일성이 작성했다는 '전민족대단결 10대 강령'을 채택하였으며, 같은 해 10월에는 '단군능 발굴 보고'를 내놓고, 이어서 민족 문화유산의 계승을 강조하였다. 김일성이 독재 체제를 다져가던 초기에 민족주의를 부르주아 이데올로기로 배척한 것과는 사뭇 다른 모습이었다.[54]

협상으로 막지 못한 핵무기 개발

1990년 9월 러시아가 한국과 외교관계를 개설하게 되자 북한은 조선중앙통신을 통하여 자체의 핵무기를 개발할 수밖에 없다고 하였다. 이제 북한과 러시아와의 동맹은 이름만 남게 되었으며, 그때까지 북한을 보호해준 러시아의 핵우산이 사라졌다고 보았다. 이 무렵은 독일의 통일이 이루어진 때이기도 하였다. 북한의 안보 위기의식이 날카로워질 만한 상황이었다. 국제 여건이 극도로 불리해지고 있다고 판단한 북한은 체제의 존립을 도모하기 위하여 핵무기 개발 쪽으로 생각이 기울었다.

한국-러시아 간 외교관계가 수립되었으니 미국이 북한의 안전을 보장해주면 한반도를 둘러싼 외교적 균형이 어느 정도 유지될 수 있으리라는 계산이 가능하였다. 북한은 1990년대 중 체제의 안전이 보장되면 NPT Non-Proliferation Treaty, 핵비확산조약 체제에 잔류할 수 있다는 태도를 보였다. 그래서 진행된 미국과 북한 간 핵 협상의 결과로 1994년 10월 양측 간 '기본합의문'이 나오게 된다.

미국은 북한에게 경수로 2기를 건설해주고, 북한

은 NPT 체제에 남아 자체 핵무기의 개발을 포기한다는 약속이었다. 아울러 양측은 상호 정치, 경제 관계를 정상화해 나갈 것이라고 선언하였다. 그 전에 남북한 간 관계 개선을 위한 협상의 결과로 1991년 12월의 '남북 사이의 화해와 불가침 및 교류 · 협력에 관한 합의서'와 '한반도의 비핵화에 관한 공동선언'이 나와 있었다.

이런 일련의 합의로 한반도 평화 정착에 대한 기대가 높았으나 북한은 내심 다른 생각을 품고 있었다. 나중에 밝혀진 일이지만 경수로 사업이 진행되고 있는 기간 중에도, 그리고 남북정상회담을 하면서도 북한은 핵무기 개발 프로그램을 비밀리에 진행하고 있었다. 비밀 핵무기 개발 프로그램이 노출되자 우여곡절 끝에 남 · 북한, 미국, 중국, 일본, 러시아 등이 참여하는 '6자회담'이 열리게 된다.

그러나 2003년 8월의 1차 회담부터 2005년 11월의 5차 회담까지 협상다운 협상은 이루어지지 않았다. 2005년의 '9 · 19 공동성명'에 북한은 핵 프로그램을 해체할 것이며, 미국 · 북한이 상호 관계를 정상화할 것이라는 문구를 담았으나, 이 약속은 실천에 이르지 못하였다. 이윽고 북한은 2006년 10월 9일

첫 핵실험을 강행하였다. 회담은 2007년 2월 속개되었으나 실질적인 진전을 이루지 못하였다. 2009년 5월 북한이 재차 핵실험을 강행하여 회담은 결정적인 파국을 맞게 된다.

지금까지 북한은 여섯 차례의 핵실험을 강행하였다. 미사일 개발도 병행하였다. 핵탄두의 소형화에 성공하여 한국은 물론이고 일본 열도까지 북한 핵무기의 위협을 받게 되었으며, 가까운 장래에 대륙간탄도미사일Inter-Continental Ballistic Missile, ICBM을 개발하여 미국 본토도 위협할 수 있을 것으로 보고 있다.

결과적으로 보면 북한은 여러 회담으로 시간을 벌면서 꾸준히 핵무기를 개발해온 것으로 드러났다. 회담은 한반도 비핵화를 목표로 내걸었으나, 실제로는 북한이 핵무기 프로그램을 진행할 수 있도록 보호해주는 연막으로 역이용된 것이었다.[55]

10장 통일 논의와 민족주의의 과제

염원과 현실 사이에서

한반도가 남 · 북한으로 분단된 것이 정치적 현실이기는 하나 이를 도덕적으로 정당화하기는 어렵다. 따라서 남 · 북한은 모두 현재의 분단 상황을 과도적인 것으로 설정하며, 미래에 이루어져야 할 통일을 당위로 여긴다.[56] 양측 정부는 각기 '통일방안'을 내놓으며 정권에 대한 국민의 신망과 국제사회의 지지를 얻고자 노력한다. 분단 상황에서 특수한 정치의 한 단면이다.

1990년 9월 남북 총리 간 회담이 시작되었다. 한국이 이 회담에 임하는 자세에는 북한을 변화시킬 수 있다는 자신감이 드러나기도 하였다. 이에 비하여 북측은 상대적으로 수비적인 태도였다. 회담 과정에서 '북한의 개혁, 개방, 변화'라는 개념에 거부감을 보였다. 이 같은 개념은 남측이 북측을 '흡수통일'할 수 있다는 관념에서 나온 것으로서 받아들일 수 없다는 입장이었다.

아무튼 회담의 결과로 1991년 12월에 '남북기본합의서'가 나왔다. 이 합의서는 전문에서 남북이 정치군사적 대결 관계를 해소하여 민족적 화해를 이룩하고, 무력 충돌을 막고, 긴장 완화와 평화를 보장하며, 다각적인 교류 협력을 실현할 것이라고 선언하였다.[57]

남북기본합의서에 남측의 입장이 강하게 반영되었다. 합의서의 내용은 노태우盧泰愚 정부가 내놓은 '한민족 공동체 통일방안'을 옮겨 놓은 듯하였다. 이 통일방안의 기본 논리 구도는 〈남북한의 교류와 협력을 통한 민족 공동체의 회복 발전 → 과도적 정치적 결합체로서의 '남북연합' 단계 즉, 남북 협력이 충분히 제도화된 단계 → 완전 통일국가〉를 지향한다는 것이다. 이 논리는 이후에도 한국의 정통적 통일론이 되었다. 김

대중金大中 대통령의 '3단계 통일론'도 이와 같은 논리 구도이며, 현 문재인 정부의 대북정책도 기본적으로 이 같은 사고에서 나온다.

2000년 김대중 대통령과 김정일 국방위원장 간의 남북정상회담에서 나온 6 · 15 공동선언에도 "남과 북은 나라의 통일을 위한 남측의 연합제 안과 북측의 낮은 단계의 연방제 안이 서로 공통성이 있다고 인정하고 앞으로 이 방향으로 통일을 지향시켜 나가기로 하였다"는 문구를 담았다. 김정일의 마음속에 무엇이 있었는지는 확실하지 않으나, 언어적 표현으로만 본다면 남측의 한민족 공동체론의 합리성을 인정한 것이었다. '낮은 단계의 연방제'라는 말을 고안하여 과거의 연방제론에서 후퇴한 것이었다.

이 정통적 통일론에도 불구하고 때로는 생각에 혼선이 일어난다. 정통적 통일론에서 기대하고 있는 남북 교류와 협력이 순조롭지 않을 때 더욱 그렇다. 그래서 나오는 것이 '북한붕괴설'이다. 북한의 체제 위기가 한국에게 유리한 통일로 이어질 수 있다는 기대에서 나오는 이야기다. 독일 통일이 이루어진 것을 보고 이런 기대가 일었다. 또한 튀니지나 이집트에서 일어난 재스민 혁명도 남측의 심리에 영향을 미쳤다.

그러나 이 '북한붕괴설'은 북한의 현실을 객관적, 포괄적으로 분석한 데서 나온 것이 아니다. 우리가 앞날을 관망할 때 다른 시대, 다른 곳에서 일어난 일로부터 유추하는 경향이 있다. 이와 같은 경향이 통일에 대한 민족적 염원과 결합되어 나타나는 심리적 현상이다.

그런데 이 '설'이 한국 정부의 대북정책이나 외교정책에 영향을 미치는 경우에 문제가 발생한다. 북한의 붕괴를 앞당기고자 하는 정책을 편다든지, 소위 '통일외교'라고 하여 한국이 북한을 흡수할 수 있도록 미국, 중국이 지지해 줄 것을 설득하려고 하는 경우이다. 엄밀한 논리에 바탕을 두지 않았으니 정책의 혼선이 일어날 수밖에 없고, 미국과 중국은 한국의 정책을 이해하기 어렵게 된다.

한국 민족주의의 과제

앞에서 논의한 것을 바탕으로 한국 민족주의의 발자취와 앞으로의 과제에 대하여 다음과 같이 요약할 수 있다.

(1) 조선왕조 말기에 태동하기 시작하여 일제강점기에 왕성하게 전개된 저항민족주의를 주도한 이들 중에 지식인, 학생, 종교인들이 많았다. 이는 정권을 담당한 왕실이 실권을 잃고 급기야 국권을 빼앗기게 된 상황에서, 전통적으로 정치적 역할이 컸던 지식인들이 나라를 구하기 위해 일어선 것이었다.

이들 독립운동가들은 한민족의 전통을 강조하는 한편, 동시에 해외로부터 민권주의 사상도 흡수하였다. 이 현상은 유교적 민본주의의 터전 위에 구미의 민주주의 사상이 접합된 것이었다. 많은 독립운동가들이 일제의 박해를 피해 해외에서 활동의 근거지를 찾은 것과 연관이 있다. 이와 같은 경험은 해방 후 한국 정치체제의 형성에 큰 영향을 미쳤다.

(2) 뜻하지 않았던 한반도의 분단으로 '민족통일'의 목표가 절대적 명제가 되었다.

(3) 1960년대부터 본격적으로 전개된 근대화 민족주의는 박정희 정부가 주도하여 그 이념의 논리를

구성하였다. 자립경제 건설을 통하여 민족자존을 이룩한다는 목표를 제시하며 애국심을 고취하였다. 즉 정부가 주도하고 국민이 호응하는 구도였는데, 한편 이 기간 중 행정력은 강화된 반면 민권 · 자유의 범위는 제한되었다는 문제가 있었다. 정부가 구성한 '민족적 민주주의'의 기준에 따라 '수입된 민주주의'의 원칙이 수정되었다. 근대화 민족주의의 목표는 경제와 산업 분야에서는 상당한 성과를 거두었으나, 정치의 근대화는 훗날의 과제로 미루어졌다.

정부가 주도한 근대화 작업은 한국 사회의 국제화를 수반하였다. 산업화의 추진이 근대화 프로젝트의 주된 내용이었으며 이를 이루기 위해서는 해외 자본과 기술의 도입이 필요하였다. 이 과정에서 한국 경제, 산업뿐만 아니라 사회 · 문화의 국제화가 진행되었다. 한국은 아시아적 전통문화와 구미에서 도입된 문화가 혼성되는 사회가 되었다. 전통적 요소를 지키고 발전시키려는 정체성 의식과 구미의 사조와 문화생산품을 흡수하려는 욕구가 공존하였다. 결과적으로 한국의 민족주의는 개방적, 국제주의적 성격을 갖게 된다.

(4) 북한 정권은 초기에는 민족주의를 부르주아적 사상이라고 배척하였다. 이는 공산주의 이론에서 민족주의를 반혁명 이데올로기라고 보는 것과, 한편 현실 정치에서는 일제강점기부터 해방 이후까지 독립운동과 한반도의 통일 정부 수립을 위해 노력했던 '민족주의자'들과 북한 공산주의 정권 수립의 주역들이 화합할 수 없었던 데 기인한다.

그런데 북한이 남측과의 관계에서 '민족'의 개념을 강조하는 것은 '통일전선전략'의 일환에서이다. 특히 분단 이후 신성시되는 '민족'의 개념을 앞세워 외세의 영향을 몰아내고 '우리민족끼리' 공산주의 정권을 한반도에 수립하자는 것이다. 이 같은 폐쇄적이고 공산혁명 지향적인 사고는 한국의 개방적, 국제주의적 민족주의와 본질적으로 조화되기 어려웠다.

(5) 북한 정권의 폐쇄적 성격은 냉전 해체라는 세계정치의 지각변동 이후 더욱 굳어졌다. 체제 위기의식이 첨예화된 탓이었다. 중국은 체제가 안고 있는 문제를 개혁 · 개방으로 풀어나갔다. 그러나 북한은 외부로부터의 영향을 차단하며 체제를 고

수하는 길로 나갔다. 군사력 강화, 핵무기 개발 등은 모두 이 목적을 위한 것이었다. '우리민족제일주의'도 같은 목적에서 나왔다. 여기에 사용된 민족 개념은 민족의 발전을 추구하는 민족주의의 일반적인 성향과는 거리가 멀고, 체제 고수 즉 정권의 유지에 주안점이 있다.

(6) 한국에서는 민족주의적 감성이 앞선 나머지 통일 문제에 대하여 비합리적으로 사고하는 경향이 있다. 북한 정권과 대화와 협력관계를 열어나감으로써 통일의 시나리오가 현실로 나타날 수 있다고 기대하는 이들도 있고, 한편으로는 북한체제가 그 자체의 모순을 견디지 못하고 붕괴할 것으로 내다보는 측도 있다.

그러나 어느 측도 북한의 현실과 한반도를 둘러싸고 있는 국제환경을 엄밀하게 분석한 것으로 보이지 않는다. 감성이 우세하면 희망이 부풀 수 있다. 그러나 이 희망은 이성의 작동에 의해 수립되는 전략으로 뒷받침돼야 한다.

제4부
미래의 민족주의와 동아시아 질서

11장 미래의 민족주의

이성과 감성

민족주의에는 이성적 요소와 감성적 요소가 혼재한다. 이성은 국제환경과 자기 민족, 국가의 역사와 현실에 대한 판단을 가능하게 한다. 민족, 국가의 발전전략을 수립하기 위해서도 이성이 작동한다. 한편 감성은 자기 민족, 국가의 역사와 현재에 대한 애착, 자기 민족의 고유성과 우수성에 대한 자부심, 그리고 미래를 향한 염원을 일게 한다.

그런데 민족주의적 감성은 국제관계에서 갈등의

원인이 될 수 있다. 민족주의는 흔히 '우리 민족'이 역사적으로 이루어내야 할 사명을 지니고 있으며 '다른 민족'은 우리가 추진하는 프로젝트의 대상이라는 사고 구도에서 전개되는 경우가 흔하기 때문이다.

이성이 민족주의의 감성적 유혹을 통제하도록 해야 한다. 민족, 국가 간의 관계에서 '갈등'을 최소화하며 '협력'을 최대화하기 위해서다. 18세기 말경에 칸트Immanuel Kant가 국제관계의 진화를 꿈꾸며 이야기한 내용을 여기에 원용할 수 있을 것이다. 그는 인간관계에서 이기적인 충동을 억제하며 최대한 일관성, 상호성, 공정성이 확보되도록 노력하는 경향을 이성의 작동이라고 보았다.[58]

이와 같은 사고 구도를 우리의 논의에 응용한다면 일관성의 원칙은 특히 '말'과 '행동' 간의 관계에서 중요하다. 표방한 목표는 실제의 정책에 의해 뒷받침돼야 한다. 국제관계에서 공동으로 추구하는 목표와 이 목표를 이루기 위한 수단에 대하여 합의가 이루어진 경우 이 합의를 지켜나가도록 하는 것이 바람직하다.

상호성의 원칙은 서로의 입장을 존중하며 한 나라의 정책이 다른 나라의 희생을 강요해서는 안 된다는 것이다. 국제관계에서 흔히 '호혜성'을 강조한다. 그런데 이것이 수사修辭에 그치지 않고 정책의 내용으로 입증되어야 한다. 공정성의 원칙은 이와 같은 상호관계의 결과에 대하여 모든 당사자들이 형평성이 유지되었다고 인정할 수 있어야 한다는 기준이다.

유엔헌장의 정신

유엔헌장은 이와 같은 기준들이 지켜질 수 있도록 하는 구체적인 정책의 범주를 제시한다. 유엔은 칸트가 〈영구평화론〉에서 제의한 '국가연합'에는 미치지 않는다 하더라도[59] 20세기 세계 정치의 여건에서 조직할 수 있었던 최선의 기구일지 모른다. 그 헌장의 이상주의적 선언이 현실적 한계에 직면하는 경우가 허다하지만, 그래서 헌장이 더 큰 의미를 갖는다고 해야 할 것이다.

유엔헌장은 전문에서 국가주권의 상호존중, 국제법의 준수, 무력 불사용, 국가 간 상호이해와 선린관계의 증진 등의 기본 원칙을 밝히고 있다. 이와 같은 원칙이 국가의 대소를 불문하고 적용되어야 한다고 선언하였다.

유엔이 2차 대전이 끝나면서 결성되었다는 것은 의미심장하다. 19세기와 20세기 전반은 유럽 제국주의의 시대였다. 제국주의란 권력정치power politics의 국제판이었다. 유엔헌장은 국제관계에서 권력정치가 주류를 이루는 시대가 마감되어야 한다는 메시지로 읽을 수 있다.

인류는 야만에서 문명으로 진화하며, 국제관계에서도 그러한 진화가 있기 위해서는 약육강식의 권력정치가 지양되어야 하며, 국제법의 발전을 통한 국제사회의 성숙이 바람직하다는 칸트의 비전이 구현되는 과정에 있다.

상생의 민족주의

정부의 집단이성이 원활히 작동하여 민족주의가 펼쳐진다면 여러 나라의 민족주의가 상생하는 관계가 형성될 수 있을 것이다. 자기 민족문화의 고유성과 우수성에 대하여 자부심을 가지면서도 다른 나라의 문화도 인류가 공유하는 자산으로 존중하는 열린 마음의 자세가 바람직하다. 내 나라의 주권을 주장하면서도 상대 나라의 입장도 배려한다면 분쟁의 요인이 있더라도 평화적인 조정이 가능할 것이다. 국가의 대소를 불문하고 각기의 주권은 절대적인 가치를 갖는다는 현대 국제정치의 기준을 받아들인다면 갈등의 소지는 최소화할 수 있을 것이다.

12장 현실의 한계와 정치역학

이상과 현실의 괴리

그러나 현실 정치에서 정부의 집단이성이 충분히 작동하지 못한 예들을 앞에서 보았다. 이는 니체Friedrich Nietzsche가 지적한 바와 같은 인간의 한계에 기인하는 것인지도 모른다. 사람은 자신의 전체 모습을 보지 못하는 한계가 있다. 그리고 자기의 역량과 역할에 대하여 허구적인 관념을 갖는 경우가 흔하다. 자신과 환경간의 관계에 대하여 정확한 평가를 내리기 어렵다. 그래서 인간이 설정하는 행위의 기준은 이런 한계 속에서 나온다.[60] 이와 같은 인간적 한계는 국정을 담당한 위정자들의 정책에도 누누이 나타났다. 칸트의 비전과 정치 현실 간의 거리는 아직도 멀다.

그런데 국가의 대외정책에서 집단이성의 작동이 제한되는 요인을 몇 갈래로 나누어 생각할 수 있다. 첫째, 개인적 차원의 문제이다. 이는 최종적 정책 결정권을 갖는 정치 지도자가 갖는 인식과 판단력의 한계 문제이다. 독재 체제의 경우 이 문제가 두드러지게 나타날 수 있다.

둘째, 권력구조가 갖는 문제이다. 정부의 정책 결정 과정에 여러 세력이 영향력을 행사하려 한다면 이들 간의 역학관계가 정책의 방향을 좌우한다. 정부가 비대해지면서 다양한 세력이 경합하는 가운데 나오는 정책은 정부 내외의 조직이나 그 조직을 구성하는 개인의 이해관계를 반영하는 경우가 많다.

셋째, 정권과 국민 간의 관계에서 일어나는 문제가 있다. 정권에 대한 대중의 지지를 끌어올리기 위해 민족주의적 정서에 불러일으키는 일이 비일비재하다. 정치체제 내부의 결속을 유지하기 위해 해외로 뻗어나가는 자국의 이미지 혹은 외부 적의 이미지를 부각시키는 정치전술이 여러 양태로 나타난다.

집단이성이 동력을 발휘하지 못하여 한 정부의 일방적 정책이 다른 국가, 민족에 대한 위협으로 나타나는 경우, 혹은 국제 여건을 충분히 고려하지 않은 자국중심적 사고가 언동으로 나타나는 경우, 이를 제어하는 힘이 국제적으로 작동한다. 한 국가 단독의 힘으로 부족한 경우 여러 나라가 연대하여 이런 일방적 정책을 견제할 수 있다. 동시에 현대 국제관계에서 일반적으로 통용되고 있는 규범체계도 한 나라의 일방적 행태를 규제할 수 있다.

한편 어느 정치 지도자 혹은 정치세력의 정책 행보가 국내적 및 국제적 비판의 대상이 될 수 있다. 국내적 견제는 민주정치 체제에서 거의 일상화된 현상이기도 하다. 여러 정당의 경합이 불가능한 일당 독재 체제하에서도 한 지도자가 독보적으로 모든 정책을 결정하기는 어려우며 정치 지도부 내부의 역학관계에 따라 정책의 내용이 좌우된다. 국제적 견제도 정치와 문화의 세계화가 확산되고 있는 여건에서 피해갈 수 없다.

이와 같은 견제의 정치역학은 중국의 중화민족주의 행태에 대하여, 일본의 국수적 경향에 대하여, 북한의 독단적 핵 개발에 대하여, 그리고 한국의 통일을 염원하는 민족주의에 대하여 다음과 같이 나타났다.

중화민족주의에 대한 제어

덩샤오핑 집권 기간 동안 중국의 대외관계가 비교적 평온하였던 것에 비하면 시진핑 주석의 취임을 전후하여 갈등의 양상이 두드러진다. 그렇게 된 연유로 시 주석을 포함한 중국 지도부의 자국과 대외환경에 대한 인식의 변화를 먼저 들 수 있다. 세계 제2의 경제대국으로 올라서면서 중화의식이 고개를 들었다.

한편 중국 지도부 내 권력관계의 영향을 들 수 있다. 중국 경제에서 큰 비중을 차지하는 국영기업의 최고 경영자 및 간부는 당, 정부, 군부의 요직을 거친 경우가 많아 중국 지도부와 인맥이 형성되어 있다. 이들은 각기 속한 조직의 시각에서 정부 정책 결정 과정에 영향력을 행사한다. 예를 들면 국영기업인 해외석유공사China National Offshore Oil Corporation는 남중국해의 난사군도 영유권 문제에 대해 정부가 보다 적극적인 자세를 취해야 한다는 입장이다. 남중국해의 석유 에너지 개발 가능성을 전망하여서이다.

이와 같은 입장을 중국 해군도 공유한다. 성장하는 국가의 군 조직이 일반적으로 그렇듯이 중국 해군은 더 많은 예산과 군비의 현대화를 바라며 이를 요구할 수 있는 명분을 남중국해가 제공하기 때문이다.

중국 정부는 2008년 베이징 올림픽을 세계 속의 중국의 위상을 다시 세우는 계기로 삼아 민족주의적 정서를 한껏 고취하였다. 고조된 민족의식은 이후 불거진 센카쿠 열도 및 남중국해 문제 등에서 중국이 보다 강경한 태도를 보이는 배경이 되었다.[61]

미국과 일본, 그리고 다른 이웃 나라들이 중국의 변화한 자세에 대하여 침묵하지 않았다. 동중국해 지역의 방공 식별 구역 선포에 대하여 미국과 일본은 이 선포의 철회를 요구하였으며, 미국은 또한 안보조약에 따라 일본에 대한 군사적 보호 의무가 센카쿠 열도에도 적용된다는 입장을 밝혔다. 남중국해의 연안국인 필리핀, 베트남, 인도네시아 등은 미국과의 연대를 통하여 자국의 이익을 보호하려 한다. 일본은 '적극적 평화 외교'를 통하여 이들 연안국들을 지원한다.

중국을 제어하는 장치는 다른 차원에도 있다. 즉

중국의 행위와 태도가 국제사회에서 일반화된 도덕 및 법의식을 거스른다는 비판이다. 중국이 다른 나라의 주권을 무시하는 태도를 보이는 것은 2차 대전 이후 국제관계의 보편적인 기준이 된 UN헌장의 정신과 맞지 않는다. 남중국해에서의 행동이 UN 해양법The UN Convention on the Law of the Sea에 반한다는 것을 국제중재재판소에서 밝혔다. 중국이 이웃나라를 대하는 태도가 과거 조공국을 대하듯 한다는 비판이 나올 만한 상황이다.

중국이 일대일로 사업을 중화적 민족주의를 실현하는 수단으로 추진한다면 많은 장애에 봉착할 것이다. 이 사업의 일환으로 추진되었던 멕시코, 미얀마, 리비아, 베네수엘라, 미국 등에서의 고속철 사업은 사업의 투명성 문제 혹은 해당국 정부와의 갈등 등으로 취소되었다.

일대일로 사업의 성공 여부는 중국이 국제관계에 임하는 자세에 좌우될 것이다. 중국과 사업 관련국간의 상호존중, 호혜적 관계, 그리고 이 사업을 위한 아시아인프라투자은행AIIB의 공익성과 전문성으로 뒷받침되어야 사업의 성과가 있을 것이다.

중국은 아시아를 지배할 수 없다. 세계적인 차원

에서는 미국, 유럽, 일본이 선진 세력으로서 앞서 가고 있다. 한국은 경제 발전과 민주화를 이루어 중견국가로 성장하였다. 동남아와 인도도 상당한 수준에 도달하였다. 2030년을 전망할 때 중국이 총 GDP에서는 최대일지라도 일인당 GDP는 다른 아시아 국가들에 비해서도 상당히 낮은 수준에 머물 것이다. 산업기술 수준은 아직 선진국들에 뒤져 있다. 군사적으로는 세계적 범위의 동맹 관계들이 중국을 견제하고 있다.[62]

중국이 일방적으로 중화의 위치에서 다른 나라와 관계하려 한다면 난관에 봉착하게 될 것이다. 이 나라들이 자국의 독립, 위신, 이익을 지키기 위해 중국의 위세를 상쇄할 수 있는 길을 찾을 것이기 때문이다. 먼저 동맹 파트너인 미국과의 연대를 모색할 수 있다. 이 길은 한국과 일본에게 열려있다. 동맹관계가 아니더라도 군사협력의 가능성이 없지 않다. 베트남, 필리핀, 인도 등이 중국의 압박에서 벗어나기 위해 미국의 협력을 구하는 것은 충분히 예상할 수 있었던 일이다. 그리고 국제기구에 호소할 수 있다. 2013년 필리핀이 국제중재재판소에 제소한 예와 같은 일이다.

앞에서도 논의한 이런 '제어장치'를 중국이 누누이 만난다면 이것은 무엇을 의미할까? 국제적으로 중국에 대한 경계심이 고조될 것이며 중국에 대한 매우 부정적인 이미지가 형성될 것을 예상할 수 있다. 이는 결코 중국의 국가이익에 부합하지 않는다. 불필요한 군사적인 대치를 불러올 수 있고, 중국 상품과 문화에 대한 거부감으로도 나타날 수 있다. 결국 중국의 안정과 발전을 저해하는 요인으로 작용하게 될 것이다.

국수적 보수주의에 대한 제동

일본의 군국주의적 팽창은 한민족의 끊임없는 독립운동, 중국과 연합군의 대일 전쟁, 그리고 미국과의 태평양전쟁을 불러왔다. 메이지 유신 이후 조성된 일본의 독특한 정치문화와 권력구조에서 비롯된 비극이었다. 2차 대전 후에 자리 잡은 일본의 민주주의는 이와 같은 역사를 극복하고 있다. 근년에 들어 아베 총리의 행보가 국수적 보수주의의 모습을 보이고 있으나 이것이 일본 사회의 주류를 이룰 것으로는 보이지 않는다.

우선 국내적인 제어장치가 있다. 일본은 의회민주주의 제도가 작동하는 체제로 국수주의적 사고가 정책 수립과 여론 형성에 전횡적인 힘을 휘두르진 못한다. 자민당이 장기 집권하며 당내의 보수적 민족주의자들이 정치를 주도하는 듯하지만, 일본 정치인들은 항상 여론을 의식해야 하며 보수 여당에 비판적인 야당, 언론과 시민단체, 그리고 지식인들도 상당한 영향력을 행사한다.

사실 정치 지도자들 중에 국제주의적 사고로 일본의 이성을 대변하고자 한 이들이 있었다. 1994년 6월부터 1996년 6월까지 집권한 자민당 · 사회당 · 신당 사키가케 연립내각의 무라야마 도미이치村山富市 총리는 1995년 "일본이 식민지 지배와 침략으로 많은 나라들, 특히 아시아 여러 나라에게 다대한 손해와 고통을 주었다. 통절한 반성과 마음으로부터의 사죄를 표한다"는 요지의 담화를 발표하였다. 도덕정치적 견지에서 이웃 나라와의 관계를 다시 정립하려는 자세가 보였다.

이 담화가 나오고 한국 · 일본 · 중국 간에 우호적인 분위기가 조성되었으며, 이후에 이 '무라야마 담화'는 여러 총리가 계승해온 일본의 공식 입장이 되었다. 1998년 10월 김대중 대통령과 오부치 게이조小淵惠三 총리가 도쿄에서 가진 정상회담에서 일본은 식민지 지배에 대한 반성과 사죄를 하고 한국은 과거의 불행한 역사를 극복하고 미래지향적 관계를 발전시킨다는 내용의 '21세기 새로운 한일 파트너십 공동선언'을 채택하였다. 이를 계기로 두 나라간 문화교류가 확대되었다. 일본 내에서 한류 붐이 일어나는 계기가 되었다.

아베 총리가 이와 같은 화해의 기록을 뒤로 하고 무라야마 담화를 포함한 '역사 반성 3대 담화'를 재검토하겠다고 하자 아베 정부에 대한 반대 여론이 고조되었다. 보수 진영 내에서도 총리의 행보에 제동을 걸었다. 자민당의 원로 나카소네 야스히로中曾根康弘 전 총리는 "아시아의 우호 협력 없이는 일본의 존립도 없다"고 하며 "역사를 직시할 수 없는 민족에게는 정치의 장기 안정성도 없고, 다른 민족으로부터 신뢰와 존경을 받을 수도 없다"고 충고하였다. 일본이 과거 이웃 나라들에 한 행동은 "틀림없는 침략"이었으며 "현지인들이 보자면 일본이 군홧발로 들어온 것"이었으며 "지난 전쟁은 해서는 안 될 전쟁이었으며 틀린 전쟁"이었다고 지적하였다. "(한국과 중국) 민족이 입은 상처는 3세대 100년간은 지워지지 않는다고 생각해야 한다"며 "점검과 반성에 의해 자기 역사의 부정적인 부분을 직시할 용기와 겸허함을 가져야 하며, 거기서 얻어야 할 교훈을 가슴에 새겨 국가를 이끄는 것이 현대 정치가의 책무"라고 하였다.[63]

이와 같은 사고의 맥락에서 총리가 야스쿠니 신사를 참배한다는 것을 받아들일 수 없는 이들이 일본 내에도 많다. 히로히토 천왕은 전범을 합사한 후에는 이곳을 방문하지 않았다. 지금의 아키히토 천왕도 가지 않는다. 국민통합의 상징적 존재인 천황의 위상이 총리의 행보를 제한한다.

아베 총리를 비롯하여 자민당과 일본 보수층에 '평화헌법'을 개정해야 한다는 목소리가 있으나 막상 개헌을 추진하기란 쉬운 일이 아니다. 개헌이 필요하다고 일반 국민을 설득하기가 어렵기 때문이다. 많은 국민들이 지금의 헌법이 평화와 번영을 가져다주었으며 일본을 군국주의 부활로부터 지켜주는 보루라고 생각한다. 개헌을 성사시키기 위해선 국민투표도 거쳐야 되는데, 이는 집권당으로서는 인기 없는 정책을 내걸고 국민을 설득해야 하는 일종의 정치적 모험이기도 하다. 사실 역대 현직 총리들은 개헌에 대하여 매우 신중한 태도를 보여 왔다.

일본의 역사수정주의는 국제적인 비판의 대상이 되었다. 당연히 한국, 중국의 반발을 불러왔다. 아베 총리의 야스쿠니 참배에 대해서는 미국 정부 인사들도 부정적인 반응을 보였다. 일본 정치지도자들은 역사문제와 관련된 행보에서 극히 신중해야 한다. 아베 총리는 세계 무대에서 일본의 위상이 제고되기를 바란다. 그리고 일본의 '적극적 평화 외교'가 결실을 거두어야 한다. 이 같은 목표를 이루기 위해서는 한국 및 중국과의 관계를 정립하는 일이 중요하다.

북한의 일방적 행보에 대한 규제

북한이 그 기본 전략인 통일전선전략을 통하여 남측에 공산화의 기운을 조성한다는 것은 불가능해 보인다. 이는 한국 경제, 사회, 문화의 국제화와 정치의 민주화로 혁명적 공산주의 이념이 파고들 수 있는 여지가 매우 좁기 때문이다. 한국에서 사회주의적 사상이 정치적 의미를 갖게 되는 것은 사회민주주의적 사고가 경제정책에 영향을 미치게 되는 경우일 것이다. 즉 유럽 복지국가를 모델로 삼아 민주주의의 원칙을 지키면서 경제적 불평등을 해소하기 위한 부의 재분배 정책을 확대하는 경우이다.

한편 북한정권이 핵무기를 수단으로 한반도의 현상을 변경하겠다고 생각한다면 이는 자신의 능력 밖의 일을 꿈꾸는 것이다. 북한은 스스로를 핵 보유국이라고 주장하고 있으나[64] 다른 어느 나라도 이를 인정하지 않는다. 한국은 말할 것도 없고, 전 국제사회가 북한의 핵 포기를 요구하고 있다. 미국은 북한이 핵을 포기해야 미국 · 북한 간의 관계가 정상화될 수 있다고 하며, 중국과 러시아도 북한이 핵무기를 가져서는 안 된다는 입장에는 변함이 없다.

남 · 북한 간의 군사적 균형은 단지 한반도 내의 문제일 뿐만 아니라 2차 대전 이후 조성된 세계 질서의 불가분의 일부이다. 냉전 해체에도 불구하고 한반도의 평화유지는 주변 모든 나라의 이익에 부합한다. 그런데 한반도의 평화를 보장하는 장치가 한미동맹과 중국 · 북한동맹관계의 균형이다. 따라서 북한이 핵무기와 대륙간탄도미사일을 개발하여 미국을 위협하면서 한미동맹의 본질적 변화를 요구한다면 이는 곧 세계 질서에의 도전을 의미한다.

북한정권은 자신의 체제를 수호하기 위해 핵 개발에 착수하였다. 이것마저 국제사회는 인정하지 않는다. 어느 나라든지 국방을 위한 주권의 행사로서 핵무기를 개발한다고 주장한다면 누구도 이를 막을 수 있는 '법적인' 권한은 없다고 할 수 있을 것이다. 그러나 국제정치란 이 같은 논리로만 되지 않는 것이 현실이다.

우리가 쓰는 '국제질서'라는 개념은 법적인 요소도 포함하고 있으나 그보다 더 광범위한 국제사회에서의 행동 기준들을 포괄하는 고도로 정치적인 것이기 때문이다. 핵무기와 관련해서는 NPT Non-Proliferation Treaty, 핵무기비확산조약 체제가 주요 강대국들을 포함하여 많은 나라들의 지지를 받고 있다. 그리고 NPT와 이 체제의 유지가 바람직하다는 우리의 의식은 현대 국제 질서의 중요한 일부분을 이룬다. 북한 핵 문제는 아직 해결을 기다리고 있는 문제이다.

북한붕괴론 비판

한국이 희망하는 자유민주주의 원칙에 따른 한반도 통일은 가까운 장래에 이룰 수 없는 목표이다. 이 프로젝트는 원래 〈① 남북한의 교류와 협력을 통한 공동체 분위기 조성 → ② 남북협력관계의 제도화 → ③ 남북통일〉의 시나리오를 사고의 틀로 하였다. 그런데 여기서 제시된 ①의 단계마저 진행이 원활하지 않았다. 남북 간의 교류와 협력은 열리는 듯하다가 막히는 양상이었다. 이와 같은 상황에서 북한붕괴설이 고개를 들었다.

그런데 북한붕괴설, 즉 북한의 체제 위기가 우리에게 유리한 통일로 이어질 수 있다는 기대는 그 논리적 근거가 매우 박약하다. 북한 정권에 대한 주민들의 불만은 탈북자의 증가에서도 드러난다. 그러나 북한 체제의 성격상 조직화된 반체제 집단이 정권을 전복시킬 수 있는 가능성은 희박하다. 설사 현 정권이 몰락하는 사태가 초래되더라도, 이를 대체하는 세력이 북한의 군부에서 나와 체제의 재정비를 도모하게 될 것으로 상상할 수 있다.

즉 북한의 가상적 정치적 진공 상태를 한국이 메

우면서 통일을 이룰 수 있을 것이라고 기대하는 것은 허구라고 해야 할 것이다. 한편 이와 같은 북한의 정변 시나리오에는 중국을 비롯한 외세의 개입, 남북한 관계의 혼란뿐만 아니라 무력 충돌의 가능성을 배제할 수 없는 복잡한 문제가 있다.

'북한붕괴설'은 "통일이 어느 날 갑자기 올지 모른다"는 말로도 표현된다. 이와 같은 '설'의 연장선상에서 2010년 말과 2011년 초 한국 정부 내에 '통일 준비'라는 화두가 등장하였다. 이에 대하여 북한은 날카로운 반응을 내놓았다. 남측에서 '통일 준비'라는 말이 등장한 것을 "남북 대화와 관계 개선에 대한 거부 자세의 표현"이라고 비난하였다. 『로동신문』2010. 12. 30 사설에서 '통일 준비'라는 것은 "그 누구북측의 내부 변화를 ... 기다리지 않고 자기들이 적극 나서 유도한다는 것"이라며 "북남 관계 파국과 조선 반도의 정세 악화를 더욱 부채질할 것"이라고 하였다.

중국의 반응도 부정적이었다. 공산당 기관지 『인민일보』2010. 12. 30는 한국 정부가 다음 해를 '통일 준비의 원년'으로 삼겠다고 한 것은 "잘못된 신호를 보내는 것"이라고 하였다. "이 발언은 세계 13위의 경제력과 미국의 '아시아 복귀' 전략을 바탕으로 흡수통일을 지향하겠다는 것"이지만 "이는 한국 정부의 일방적인 청사진일 뿐 전혀 현실적인 기초가 없다"고 비판하였다.

이어 "한국과 서방 국가들은 여러 차례 북한이 붕괴될 것이라는 쪽에 판돈을 걸었으나 이는 대바구니로 물을 뜨는 격의 헛된 것임이 밝혀졌다"며 "한국의 통일 원년 주장이 한반도 긴장을 더하고 동북아 국제 정세의 격동과 변화를 불러올 수 있는 만큼 국제사회가 결코 가벼이 봐서는 안 된다"고 경계하였다. 중국의 한반도 상황에 대한 인식을 반영한 것이었다.

다소 장황하게 북한과 중국의 반응을 인용한 것은 한국이 정통적 통일론에서 벗어나 '북한붕괴론'이나 '흡수통일론'을 유포하는 경우 초래할 수 있는 혼선과 부정적 효과를 지적하기 위함이다. 북한의 체제 위기의식이 날카로워질수록 북은 핵무기가 자신의 체제를 지키기 위한 최후 수단이라는 생각에서 벗어나기 어려울 것이다. 그리고 중국의 입장에서는 한국의 통일에 대한 비현실적인 기대를 이해하기 어려울 것이다. 북한 핵 문제 해결을 위해 한국과 중국 간의 인식의 공유가 필요한 시점에 한국의 막연한 통일론은 혼선만 초래할 뿐이다.

13장 미래의 동아시아 질서를 향해

한 나라의 일방적 행동에 대하여 다른 나라가 제동 조치를 취하는 작용-반작용이 거듭된다면 어떻게 될까? 한 분야에서의 갈등 관계는 다른 분야로 전이돼 갈 수 있다. 이를테면 안보문제에 관한 갈등이 경제 제재를 불어오고 관광, 문화 교류의 제한으로까지 확산될 수 있다. 갈등의 양상이 이 정도에 그치지 않을 수도 있다. 무력 사용에 대하여 무력으로 대응한다면 이는 곧 전쟁이다. 그와 같은 역사적 사례를 앞에서 보았다.

동아시아에서 불화가 전쟁으로까지 비화되지 않더

라도 갈등의 상존은 지역 전체의 발전을 저해할 것이다. 우리가 평화와 협력을 제도화하도록 노력해야 하는 이유이다. 장기적 전망으로서 남 · 북한과 한반도 주변 당사국들이 참여하는 협상을 통하여 북한 핵 문제를 해결하고 지역의 평화와 협력을 보장하는 기구가 설치되는 상황을 상상할 수 있다.

우리는 이와 같은 이상을 향해 단계적으로 접근해야 한다. 우리 자신의 자세를 가다듬고, 역량을 축적하고, 우방과 이웃의 협력을 확보하며 점차 목표에 다가가도록 해야 한다. 다음과 같은 방향이 바람직하다.

(1) 한국 사회 내에 국제주의적 민족정신이 진작되도록 해야 한다. 국제주의적 민족정신이란 한국이 능동적인 국제협력 노력을 통하여 동아시아 지역의 평화와 발전을 위해 건설적인 역할을 해야 한다는 정신이며 또 능히 그렇게 할 수 있다는 자부심이다.

한국은 강대국 사이에 낀 소국으로서 그 역할이 매우 제한될 수밖에 없다는 생각은 불식돼야 한다. 한국이 처한 현 상황을 구한말 강대국들이 한반도의 운명을 좌우한 역사에 유추하는 것은 자신을 위축시킬 뿐이며 현실과도 맞지 않다.

지금의 한국은 120년 전의 조선과 근본적으로 다르다. 한국은 이제 경제 규모가 세계 10위권에 도달한 중견국가이며, 아시아 전통문화의 유산을 지키면서 해외문화를 개방적으로 수용하는 역동적 민주국가이다. 공자가 설파한 대동大同의 정치사상을 꽃피울 수 있는 가능성이 가장 큰 나라이다.

(2) 미래의 동아시아 국제질서 형성을 위해 한국이 능동적인 역할을 할 수 있기 위해 자신의 안보가 튼튼해야 한다. 그리고 미국의 협력을 확보해야 동아시아 평화를 위한 외교 노력이 결실을 맺을 수 있다. 따라서 확고한 한미동맹이 유지되고 발전돼야 한다. 미국과의 협력관계는 안보, 외교에서 뿐만 아니라 경제, 사회, 교육, 문화 등 전 분야에 걸쳐 중요하다.

(3) 일본과의 유대관계 발전에 능동적 자세로 임해야 한다. 과거사 문제 등 양국 간 갈등 요인들이 있으나, 이것이 한국 외교를 약화시키는 일이 없도

록 해야 한다. 한국이 일본에 대하여 능동적으로 나섬으로써 일본의 국수적 경향이 줄어들도록 하는 접근방식이 효과가 있을 것이다.

그리고 일본의 전진적 자세에 대해서는 이를 받아들이는 아량이 필요하다. 이를테면 무라야마 총리의 한국과의 관계 개선을 위한 사려 깊은 발언과 구상에 대해서는 이를 긍정적으로 평가하는 정책이 견지돼야 한다.

한국과 일본은 민주주의가 작동하는 나라들이다. 정치, 사회, 문화, 학술 등 전 분야에 걸쳐 두 나라 간 긴밀한 교류와 협력의 네트워크를 조성하여 한국의 반일정서와 일본의 반한정서가 해소되도록 해야 한다. 한국의 이러한 노력은 일본 내 국수적 보수주의의 기운을 약화시키는 효과가 있을 것이다.

(4) 한미동맹과 한일연대는 경제와 문화뿐만 아니라 안보문제도 세계화한 우리 시대의 국제 여건에서 한국이 자신의 안보를 튼튼히 하고 외교적 입지를 확보하기 위해 주권을 행사하여 택하는 길이다. 작은 나라가 큰 나라에 '의존'한다는 사고에서

벗어나야 한다. 미국과 일본도 한국과의 협력을 통하여 국가이익을 도모한다.

튼튼한 안보, 확고한 한미동맹, 발전적 한일연대는 한국의 중국에 대한 협상력을 높일 수 있다. 중국이 '중화–오랑캐'의 사고 구도에서 탈피하도록 한국 안보와 외교의 틀이 안정돼야 한다.

중국은 개혁 · 개방 정책을 추진하던 초기에는 '주권 존중'을 외교의 기본원칙으로 강조하였으나, 자국의 국세가 신장되면서 중화민족주의적 경향이 그 대외관계의 성격을 변화시키고 있다. 다시 현대 국제관계의 일반적 규범을 중국 정부가 내면화하도록 해야 한다.

(5) 시진핑 정부는 국가의 일체성과 공산당 일당체제의 정통성을 유지하기 위해 민족주의적 정서를 고취하고 있다. 이와 같이 민족주의가 정권 유지의 목적과 결합되는 경우, 정치가 다양한 견해와 정서를 억누르는 전체주의적 성향으로 흐를 수 있다.

그러나 한편 중국은 한 지도자가 모든 것을 결정할 수 있는 권력구조가 아니며, 집단지도체제에서 나오는 정책들이 대체로 신중하며 보수적이다.

중국은 공산당에 정치권력이 집중돼 있지만, 중국 사회는 상당히 개방돼 있다. 중국인들은 해외여행을 통해서, 인터넷과 스마트폰을 통해서 세계정세를 알고 다른 문화를 체험한다. 개인의 자유, 인권, 민주주의 등의 개념은 아직 중국인들에게 일반화되지 않았다. 그러나 이러한 가치기준이 중국으로 흘러들어 가고 있는 것도 사실이다.[65] 거대 중국 사회는 대 변환의 과정을 걷고 있으며, 장기적으로는 우리가 앞서 논의한 '집단이성'의 힘이 중국의 국제정치관을 개선할 수 있을 것으로 전망해 볼 수 있다.

한국의 중국에 대한 전략은 장래 중국의 대변환이 평화적으로 이루어지면서 동아시아 국제질서 발전에 기여하는 과정이 되도록 해야 할 것이다. 중국의 중화민족주의가 그 복고적이며 일방적인 성격을 벗어나 개방적, 국제주의적 민족주의로 발전할 수 있도록 협력해야 한다. 이를 도모하기 위하여 중국 사회 전반을 대상으로 한 지적, 문화적 네트워크 구축이 바람직하다.

중국의 정계, 기업계, 학계, 문화계, 그리고 청년층과의 지적, 문화적 네트워크를 통하여 한국의 주권적 자세가 확고하며, 중국의 국가 목표인 안정, 발전, 국제적 위상의 개선 등을 위해 일방주의를 지양해야 하며 국제주의가 이롭다는 원리를 스스로 터득하도록 해야 한다.

(6) 북한 핵 문제 해결을 위하여 여러 정책 수단을 복합적으로 구사하는 전략이 필요하다. 다음과 같은 방도를 구상할 수 있다.

- 북한 핵무기는 자신의 안보를 지켜주는 것이 아니라 오히려 더 위태롭게 한다는 논리를 북한에게 강조, 재강조해야 하며, 또 이 논리는 현실적으로 입증돼야 한다. 역사적으로 여러 나라들이 핵무기를 개발할 수 있는 능력은 있었으나 이를 추진하지 않은 것은 그와 같은 논리에 따른 것이었다.

  이 논리를 북한에게 입증해 보인다는 것은 북한이 핵과 미사일 개발에 집착할수록 UN의 대북 제재가 계속 되면서 한국과 미국의 북한에 대한 군사적 압박이 여러 형태로 강화된다는 것을 북한에게 명백하게 제시하는 것이다. 실제 시행되고 있는 UN 대북 제재가 효과를 거둘 수 있도록 중국의 협력을 확보하는 것이 중요하다.

- 북한에 대한 압박을 강화함과 동시에 북한이 대화에 복귀할 수 있도록 인센티브를 제공한다. 협상은 북한의 핵 동결 약속과 인센티브 제공 약속을 교환하는 방식으로 시작될 수 있을 것이다. 한반도 비핵화를 목표로 북한에게 안전보장과 경제협력을 제공하는 포괄적 타협comprehensive deal을 구상한다.
- 이 포괄적 타협은 6자회담에서 이루어질 수 있을 것이다. 과거의 경험에 비추어볼 때 6자회담을 상설화하여 약속의 이행을 보장하도록 하는 것이 바람직하다. 우선 회담사무국을 국제기구로 상설화하고 회담의 정기적 개최를 제도화하는 방향으로 노력한다.

(7) 6자회담을 상설화하여 북한 핵 문제를 해결해가는 가운데 회담 당사국들이 주축을 이루는 포괄

적인 지역 안보 협력 대화를 구상해 볼 수 있다. 이 대화 기구는 동아시아 안보 상황의 불확실성을 줄이고 지역 내 상호신뢰를 구축하는데 기여할 수 있을 것이다. 이 과정에서 다음과 같은 국제관계의 원칙을 확인함이 바람직하다.

- UN헌장 정신의 존중과 국제법 준수
- 영토주권의 보장/현재 실효지배하고 있는 영역에 대한 관할권 인정/해상관할권 분쟁 해결을 위해 UN해양법과 국제적 관례 존중
- 무력 불사용과 분쟁의 평화적 해결
- 내정 불간섭

아울러 다음과 같은 사업을 구체화할 수 있다.

- 회담 참가국의 안보정책에 대한 정보 교환 및 협의
- 지역 내 재난구조 협력
- 에너지와 환경 안보를 위한 협력
- 교육, 학술 및 문화 협력 확대

(8) 위의 여러 협력 사업들이 지속 가능하도록 동아시아 지역정서를 함양함이 바람직하다. 국민의 애국심이 한 나라의 국경 내에만 머물지 않고, 보다 큰 공동체의 미래에 대한 관심과 애정으로 자라날 수 있도록 하는 전략을 모색하기 위해 한국, 중국, 일본이 공동 연구할 것을 제의할 수 있을 것이다.[66]

유럽은 2차 대전 이후 국가 단위의 민족주의를 초월하여 지역 통합을 추구하였다. 동아시아에서 이와 같은 수준의 통합을 추진할 여건은 아직 조성되지 않았다. 그러나 유럽의 평화 정착과 지역 통합의 경험을 거울로 삼아 동아시아 국가들 간의 통상과 경제협력뿐만 아니라 지역 정신문화의 유산을 공유하는 일에도 더 많은 관심을 쏟을 만하다. 유학儒學 등 동아시아의 전통 학문과 사상을 현대적으로 재개발하는 일을 한국, 중국, 일본이 공동으로 추진한다면 보람 있는 사업이 될 수 있을 것이다.

주

1) 이 관념과 현실의 괴리는 나중에 소설가 루쉰魯迅이 그의 작품『아큐우정전阿Q正傳』에서 다룬 중국의 문제였다.
2) 소공권蕭公權 저. 최명 · 손문호 역,『중국정치사상사』, pp.1078~1083.
3) 구범진,『청나라, 키메라의 제국』, 2012, pp.228~232.
4) Kissinger, *On China*, pp.66~69.
5) 김용구,『세계외교사』, pp.185~186.
6) Fairbank · Reischauer · Craig, *East Asia : Tradition and Transformation*, pp.623~625.
7) 김용구,『세계외교사』, pp.426~427; Fairbank · Reischauer · Craig, *East Asia*, pp.631~633.
8) Fairbank · Reischauer · Graig, *East Asia*, 728~730.
9) 소공권,『중국정치사상사』, pp.1321~1322.
10) 위안스카이는 뒤늦게 왕정복구가 불가능하다는 것을 깨닫게 되고, 결국 실패한 독재자로 1916년 6월 사망하였다.
11) 이 강연의 내용이 1924년 단행본의 형태로 간행되었다. 이 책의 삼민주의에 대한 논의는 2000년에 발행된 한국어 번역

본(김승일 외 역, 『삼민주의』)을 기초로 하였다.

12) 제1차 합작은 앞에서 논의한 바와 같이 국민당과 공산당이 군벌세력을 진압하기 위하여 이루어졌다. 그런데 장제스 정부는 1927년 4월부터 공산당원에 대한 대숙청을 단행하였다. 숙청 작업은 1930년대 전반까지 계속되었다.

13) 대장정은 앞에서 언급한 장제스 정부의 공산당 숙청 작업이 계속되는 가운데 공산당이 토멸의 위기를 벗어나기 위하여 그 본거지를 척박한 북쪽으로 옮긴 행군이다.

14) 마오쩌둥 저 · 박광종 편역, 『중국혁명론』, 중 제2장 "신단계를 논함".

15) Fairbank, *The Great Chinese Revolution : 1800-1985*, pp.318~320.

16) Kissinger, *On China*, pp.97~112.

17) 리징제李靜杰, 「중국의 대한정책에 대한 이념적 스펙트럼」, 『한국 정치외교의 이념과 논제』, pp.199~200.

18) 정비젠鄭必堅저 · 이희옥 역, 『중국 평화부상의 길』, pp.3~4.

19) 『한겨레』, 2013. 12. 3.

20) 센카쿠 열도尖閣列島, 중국명 댜오위다오군도 釣魚臺群島는 동중국해 남서부의 오키나와 섬과 대만 사이에 있다. 5개 무인도와 3개 암초로 이루어진 군도로서, 일본이 1895년 청일전쟁 와중에 무주지無主地라고 하며 자국 영토로 편입시켰다. 이 군도는 2차 대전 후 미국이 위임 통치한 오키나와 관할 하에 있었다. 1972년 오키나와가 일본에 반환되면서, 일본이 이후 이 군도를 실효 지배해 오고 있다. 중국이 영유권을 주장하는 근거는 1863년 청나라가 작성한 세계지도에 이 군도가 푸젠성福建省에 부속한 댜오이타오군도로 표시되어 있다는 것이다.

21) Pillsbury, *The Hundred-Year Marathon : China's Secret Strategy to Replace America as the Global Superpower*, pp.203~206.

22) 바이든 부통령의 중국 방문 후 조선일보와의 인터뷰, 『조선일보』, 2013. 12. 5.

23) Rapp-Hooper, "Parting the South China Sea : How to Uphold the Rule of Law", pp.76~77.

24) Luft, "China's Infrastructure Play : Why Washington Should Accept the New Silk Road", pp.68~69.

25) 우수근, 『한 · 중 · 일 외교 삼국지』, pp.47~48.

26) Lee Kuan Yew, *The Grand Master's Insights on China, the United States, and the World*, pp.2~3.

27) 1600년 일본을 재통일한 도쿠가와 이에야스德川家康은 1603년 에도江戸, 오늘날의 도쿄에서 '막부중앙 정부'를 열고 조정으로부터 '쇼군將軍, 최고국정권자'의 칭호를 받았다. 메이지 유신 때까지 그의 가문에서 쇼군이 배출되었다.

28) 박훈, 『메이지 유신은 어떻게 가능했는가』, pp.53~59; 85.

29) 박훈, 앞의 책, pp.72~84.

30) Fairbank · Reischauer · Craig, *East Asia : Tradition and Transformation*, pp.486~489.

31) '로주'는 막부의 행정 최고 책임자의 직책이다.

32) 이 무렵 일본은 서양의 문물을 배우고자 하는 욕구가 왕성하였다. 막부에서 뿐만 아니라 번藩, 봉건제도 하의 지방 영지 차원에서도 유럽, 미국에 유학생을 다수 파견하였다.

33) 박훈, 『메이지 유신은 어떻게 가능했는가』, pp.84~92.

34) Fairbank · Reischauer · Craig, *East Asia*, pp.496~502.

35) Gilpin, *Global Political Economy*, Chapter 12.

36) 일본은 메이지유신 이후 새 정부의 수립을 알리는 국서를 조선에 전달하려 하였으나, 조선은 국서에 일본 왕을 황皇이라고 칭한 것을 이유로 접수를 거부하였다. 오늘날의 기준으로 보면 외교관계의 본질과는 큰 상관이 없는 의전적 사항에 불과한 것이었으나, 당시의 기준으로는 이와 같은 의전이 곧 동아시아 국제관계 법규의 성격을 지닌 것이었다. 당시 조선이 가졌던 유교적 국제질서의 관념으로는 '황'은 중국 황제만이 사용할 수 있는 말이었다.(김용구, 『세계외교사』, pp.252~255.)

37) 공로명, 『나의 외교노트』, p.13.

38) 일본은 운요호 사건을 일으키기 전부터 일본이 조선에 압박을 가하는 경우 청이 어떻게 반응할지에 대해 탐문하였으며, 청이 적극적으로 개입하지 않을 것으로 판단하였다.(정용화, 『문명의 정치사상 : 유길준과 근대 한국』, pp.158~160 ; Nish, *Japanese Foreign Policy 1869-1942*, pp.21~24)

39) 김용구, 『세계외교사』, pp.653~655

40) *The Economist*, August 15, 2015.

41) Axelbank, *Black Star Over Japan : Rising Forces of Militarism*, pp.141~143.

42) *SIPRI Yearbook*, 2000, 2005.

43) Edström, *Japan's Evolving Foreign Policy Doctrine : From Yoshida to Miyazawa*, pp.97~98.

44) Drifte, Reinhard, Japan's Policy towards the South China Sea–Applying the "Proactive Diplomacy"?, 참조.

45) Drifte, 앞의 논문, pp.12~19.

46) Benedict, *The Chrysanthemum and the Sword*, pp.208~217.

47) Horne, *Hubris : The Tragedy of War in the Twentieth Century*.

48) 조경달은 러 · 일전쟁의 발발과 더불어 조선 곳곳에서 자행된 일본인들의 횡포가 이후 나타나는 일본 무단정치의 원형이라고 본다. 이와 같은 행태는 당시 조선 민중에게는 미지의 정치문화였음을 지적하였다.(조경달, 『근대 조선과 일본』, pp.204~207)

49) 신규식 저 · 김동한 역, 『한국혼』, pp.18~22.

50) 신채호, 『조선상고사』(『단재신채호전집』, 상), pp.31~73.

51) 이용희, 『한국민족주의』, 82~85.

52) 구미사회에서 전개된 근대화론을 포괄적으로 검토한 저서로 Ingelhart, Modernization and Postmodernization.

53) 남 · 북 총리급 회담 과정에서 나타난 북한 당국자들의 사고 구조에 관한 상세한 논의는 졸저, 『북한 핵 드라마』, pp.31~33.

54) 김성철, 『주체사상의 이론적 변화』, pp.71~92.

55) 북한 핵 문제를 둘러싼 협상 경과에 대한 상세한 논의는 졸고, 「북한 핵 문제-해결책은 없는가?」, pp.17~61.

56) 1991년 12월의 '남북기본합의서'에도 "(남 · 북) 쌍방 사이의 관계가 나라와 나라 사이의 관계가 아닌 통일을 지향하는 과정에서 잠정적으로 형성되는 특수관계"라고 하였다.

57) 남북한이 내놓은 '통일방안'과 남북한 협상의 본질에 대한 상세한 논의는 졸저, 『북한 핵 드라마』, pp 9~32.

58) Gallie, *Philosophers of Peace and War*, pp.14~16.

59) 칸트가 상상한 '국가연합'은 서로 간 전쟁을 벌이지 않기로

서약한 국가 간의 연합이다.(Kant, C. J. Friedrich 영역, *To Eternal Peace*).

60) Nietzsche(Kaufmann 영역), *The Gay Science*, pp.174~175.

61) Lampton, 「How China Is Ruled」, pp.80~81.

62) Lee Kuan Yew, *The Grand Master's Insights ...*, pp.9~10.

63) 나카소네 전 총리가 2015. 8. 7자 『요미우리』 신문에 기고한 글에서(『동아일보』, 2015. 8. 8; 『조선일보』, 2015. 8. 10)

64) 북한은 김정일 국방위원장 사후에 개정한 헌법 서문에 김 위원장이 북한을 핵 보유국으로 만들었다고 하였다.

65) Lee Kuan Yew, *The Grand Master's Insights .....*, pp.14~15.

66) Nussbaum, *Political Emotions*, p.16.

참고 문헌

공로명, 『나의 외교 노트』, 기파랑, 2014.

구범진, 『청나라, 키메라의 제국』, 민음사, 2012.

김성철, 『주체사상의 이론적 변화』, 민족통일연구원, 1993.

김용구, 『세계외교사』, 서울대학교출판부, 2001.

김재한 외, 『한국 정치외교의 이념과 논제』, 소화, 1995.

리징제李靜杰, 「중국의 대한정책에 대한 이념적 스펙트럼」, 『한국 정체외교의 이념과 논제』, 소화, 1995.

마오쩌둥毛澤東 저, 박광종 편역, 『중국혁명론』, 범우사, 1989 (1938).

미야지마 히로시, 『일본의 역사관을 비판한다』, 창비, 2013.

박훈, 『메이지 유신은 어떻게 가능했는가』, 민음사,

2014.
신규식 저, 김동환 역, 『한국혼』, 범우사, 2009.
신채호, 『조선상고사(단재신채호전집 상)』, 단재신채호선생기념사업회, 1972.
소공권蕭公權 저, 최명 · 손문호 역, 『중국정치사상사』, 서울대학교출판부, 1998.
안중근, 『동양평화론』, 범우사, 2010(1910).
우수근, 『한 · 중 · 일 외교삼국지』, 삼성경제연구소, 2008.
이선민, 『민족주의, 이제는 버려야 하나』, 삼성경제연구소, 2008.
이용준, 『게임의 종말』, 한울, 2010.
이용희, 노재봉 편, 『한국민족주의』, 서문당, 1977.
이용희, 『미래의 세계 정치』, 민음사, 1994.
이재석, 『북한 핵 드라마』, 형설출판사, 2004.
이재석 외, 『다시 만나는 남과 북』, 노스보스, 2012.
쑨원孫文 저, 김승일 외 역, 『삼민주의』, 범우사, 2000(1924).
정용화, 『문명의 정치사상 : 유길준과 근대 한국』, 문학과지성사, 2004.
정비젠鄭必堅 저, 이희옥 역, 『중국 평화부상의 길』, 한

신대학교 출판부, 2007.

조경달 저, 최덕수 역, 『근대조선과 일본』, 열린책들, 2012.

한용운, 『조선독립의 서』, 범우사, 2011(1919).

Allison, Graham, *Essence of Decision : Explaining the Cuban Missile Crisis*, Boston : Little, Brown and Company, 1971.

Allison, Graham, *Destined for War*, Boston/New York : Houghton Mifflin, 2017.

Alter, Peter(Stuart McKinnon-Evans 영역), *Nationalism*, London/New York : Edward Arnold, 1989(1985)

Anderson, Benedict, *Imagined Communities*, London/New York : Verso, 2006(1983).

Axelbank, Albert, *Black Star Over Japan : Rising Forces of Militarism*, London : George Allen & Unwin, 1972.

Bell, Daniel A., *China's New Confucianism*, Princeton/Oxford : Princeton University Press, 2008.

Brzezinski, Zbigniew, *Strategic Vision*, New York :

Basic Books, 2012.

Benedict, Ruth, *The Chrysanthemum and the Sword*, Boston/New York : Houghton Mifflin, 2005(1946).

Drifte, Reinhard, *Japan's Policy towards the South China Sea - Applying the "Proactive Diplomacy"?*, Peace Research Institute Frankfurt (PRIF) Report No. 140, 2016.

Edström, Bert, *Japan's Evolving Foreign Policy Doctrine : From Yoshida to Miyazawa*, London/New York : Macmillan Press/St. Martin's Press, 1999.

Fairbank, John King, *The Great Chinese Revolution 1800-1985*, London : Picador, 1988.

Fairbank · Reischauer · Craig, *East Asia : Tradition and Transformation*, Boston : Houghton Mifflin, 1973.

Gallie, W. B., *Philosophers of Peace and War*, Cambridge : Cambridge University Press, 1978.

Gilpin, Robert, *Global Political Economy*, Princeton/Oxford, Princeton University Press, 2001.

Gries, Peter Hays, *China's New Nationalism : Pride,*

Politics, and Diplomacy, Berkeley/Los Angeles/London : University of California Press, 2004.

Hayton, Bill, *The South China Sea : The Struggle for Power in Asia*, New Haven/London : Yale University Press, 2014.

Horne, Alistair, *Hubris : The Tragedy of War in the Twentieth Century*, New York : Harper, 2015.

Huntington, Samuel P., *The Clash of Civilizations and the Remaking of World Order*, New York : Simon & Schuster, 1996.

Inglehart, Ronald, *Modernization and Postmodernization*, Princeton : Princeton University Press, 1997.

Kang, David C., *China Rising*, New York : Columbia University Press, 2007.

Kant, Immanuel(Translated by C. J. Friedrich), "To Eternal Peace", *Basic Writing of Kant*, New York : The Modern Library, 2001(1795).

Kaplan, Robert D., *Asia's Cauldron : The South China Sea and the End of a Stable Pacific*, New York : Randon House, 2014.

Kennedy, Paul, *The Parliament of Man*, New York : Random House, 2006.

Kissinger, Henry, *On China*, New York : Penguin Press, 2011.

Kissinger, Henry, *World Order*, New York : Penguin Press, 2014.

Lampton, David M., "How China Is Ruled : Why It's Getting Harder for Beijing to Govern", *Foreign Affairs*, January/February 2014.

Lee Kuan Yew, *The Grand Master's Insights on China, the United States, and the World*, Cambridge/London : The MIT Press, 2013.

Link, Perry, "What It Means to Be Chinese : Nationalism and Identity in Xi's China", *Foreign Affairs*, May/June 2015.

Luft, Gal, "China's Infrastructure Play : Why Washington Should Accept the New Silk Road", *Foreign Affairs*, September/October 2016.

Manicas, Peter T., *A History and Philosophy of the Social Sciences*, Oxford/New York : Basil Blackwell, 1987.

Mayall, James, *Nationalism and International Society*, Cambridge : Cambridge University Press, 1990.

Mingfu, Liu, *The China Dream*, New York : Times Books, 2015.

Moore Jr., Barrington, *Social Origins of Dictatorship and Democracy*, Boston : Beacon Press, 1967.

Navarro, Peter, *Crouching Tiger : What China's Militarism Means for the World*, New York : Prometheus Books, 2015.

Nietzsche, Friedrich(Translated by W. Kaufmann), *The Gay Science*, New York : Random House, 1974(1882).

Nish, Ian, *Japanese Foreign Policy, 1869~1942*, London : Routledge & Kegan Paul, 1977.

Nussbaum, Martha C., *Political Emotions : Why Love Matters for Justice*, Cambridge/London : Harvard University Press, 2013.

Pillsbury, Michael, *The Hundred Year Marathon : China's Secret Strategy to Replace America as the Global Superpower*, New York : Henry Holt and Company. 2015.

Pritchard, Charles L., *Failed Diplomacy*, Washington D.C. : Brookings Institution Press, 2007.

Rapp-Hooper, Mira, "Parting the South China Sea : How to Uphold the Rule of Law", *Foreign Affairs*, September/October 2016.

Shambaugh, David, *China Goes Global*, Oxford/New York : Oxford University Press, 2013.

Shirk, Susan L., *China : Fragile Superpower*, Oxford/New York : Oxford University Press, 2007.

SIPRI(Stockholm International Peace Research Institute), *Yearbooks*, 2000, 2005.

Steinfeld, Edward S., *Playing Our Game : Why China's Rise Doesn't Threaten the West*, Oxford : Oxford University Press, 2010.

Wang, Yuan-Kang, *Harmony & War : Confucian Culture and Chinese Power Politics*, New York : Columbia University Press, 2011.